MW01226536

Uitgeverij 010 Publishers, Rotterdam 1996

vertaling/translation:
John Kirkpatrick, Rotterdam
vormgeving/design:
Bureau Piet Gerards, Heerlen
kaarten/maps:
Mapminded, Maarssen
druk/printing:
Mart.Spruijt, Amsterdam
fotografie/photography:
Piet Rook, Vlaardingen
overige afbeeldingen/other illustrations:
Aerocamera Hofmeester,
KLM Aerocarto,
Jan Versnel,
Van Zanten Raadgevende Ingenieurs,
Kim Zwarts

CIP/ISBN 90 6450 244 7

Paul Groenendijk, Piet Vollaard

Gids voor Guide to moderne architectuur modern architecture in Amsterdam

fotografie/photography **Piet Rook**

Ieder object in de gebouwendocumentatie bevat een aantal zakelijke gegevens met informatie over ontwerper(s), ontwerp- en bouwjaar en adres. De volgende regels zijn hier gehanteerd:

001 Objectnummer

OMSCHRIJVING Naam en functie van het object. Bij voorkeur is hier de oorspronkelijke benaming gebruikt. Wanneer meerdere objecten worden besproken is dit aangegeven door het gebruik van het leesteken ';'. Dit leesteken is in dat geval ook terug te vinden bij de adressen, de ontwerper(s) en de jaartallen.

ADRES, PLAATS Huisnummers zijn alleen opgenomen wanneer er twijfel kan bestaan over de exacte locatie van het object. Wanneer het object zich op een hoek van twee straten bevindt, is dit aangegeven met het leesteken '/'. Bij stedebouwkundige objecten wordt vaak de belangrijkste straatnaam genoemd met de toevoeging 'e.o.' ('en omstreken').

4 **ONTWERPER(S)** Genoemd worden de architecten of de architectenbureaus die in de literatuur als ontwerper(s) worden aangegeven. Het gebruik van het leesteken ';' geeft aan dat er sprake is van meerdere objecten dus ook van meerdere ontwerpers. Het leesteken '/' geeft aan dat er sprake is geweest van een uitbreiding of een reconstructie die door een andere ontwerper is uitgevoerd. Deze leestekens zijn ook in de jaartallen terug te vinden.

JAARTALLEN In het algemeen worden twee jaartallen genoemd. De eerste betreft het ontwerpjaar, de tweede het jaar van ingebruikname. Bij stedebouwkundige objecten is alleen het ontwerpjaar aangegeven, aangezien de realisatie soms enige decennia omvat. Het leesteken '/' geeft aan dat er ofwel een eerder (niet uitgevoerd of prijsvraag-) ontwerp aan de bouw voorafging ofwel een latere uitbreiding van het object heeft plaatsgevonden.

MEDEWERKERS Bij grotere projecten is er vaak sprake van meerdere ontwerpers. Ook is het zo dat bij grotere bureaus, zoals OD 205 en Van den Broek & Bakema, veelal één architect verantwoordelijk is voor het project, de projectarchitect (proj.). Op deze positie wordt een nadere precisering van de ontwerpers gegeven.
(proj.) projectarchitecten; (medew.) medewerkende architecten; (int.) interieurarchitecten; (constr.) constructeurs; (b.k.) beeldend kunstenaars; (rest.) restaurateurs; (oorspr. ontw.) oorspronkelijk ontwerp; (uitbr.) uitbreiding

Tenslotte wijzen de samenstellers erop dat veel van de in deze gids opgenomen gebouwen zich op privé-terrein bevinden en dat bij een eventueel bezoek het nodige respect voor de privacy van de bewoners/gebruikers in acht genomen dient te worden.

Each entry in the documentary section includes the following list of data, designer(s), years of design and construction, and addresses:

001 Object number

DESCRIPTION Name and function of the object, preferably its original name. If there is more than one object this is indicated by a dividing semicolon, which in such cases also separates the addresses, designers and dates.

ADDRESS House numbers are only included if doubt may arise as to the object's location. If it is situated at the junction of two streets this is indicated by a slanting line (/). The more large-scale urban projects are often identified by a principal street followed by 'e.o.' (and vicinity).

DESIGNER(S) The names given are those of the architects or firms credited as such in the architectural literature. A semicolon indicates more than one object and therefore more than one designer. A slanting line (/) occurs in cases of extensions, alterations, etc. by another designer. These punctuation marks are carried over to the dates.

DATES Generally speaking two dates are given, the first being the year of design and the second the year when appropriated. Urban designs are credited only with the former, considering that construction sometimes takes tens of years. A slanting line (/) indicates either an earlier design (unexecuted, or a competition entry) or a later extension.

TEAM MEMBERS Large-scale projects often mean more than one designer. Equally, in larger offices such as OD 205 and Van den Broek & Bakema each project is frequently the responsibility of one architect, the project architect (proj.). Abbreviations used at this point are as follows:
(proj.) project architects; (medew.) contributing architects; (int.) interior designers; (constr.) structural engineers; (b.k.) artists; (rest.) restoration architects; (oorspr. ontw.) original design; (uitbr.) extension

Finally, the compilers would like to remind the user that many buildings included in the Guide are on private ground, so that when viewing such buildings care should be taken to disturb the privacy of their occupants as little as possible.

Voorwoord

Deze gids is vooral bedoeld om belangstellenden in de moderne architectuur van Amsterdam behulpzaam te zijn bij het bezoeken van gebouwen en projecten in deze stad. De projectbeschrijving van architectonische en stedebouwkundige objecten vormt het hoofdbestanddeel van de gids. Van de objecten zijn een foto van de huidige staat en een korte beschrijving opgenomen, alsmede gegevens over de ontwerper(s), ontwerp- en bouwjaar en adressen. Aan een aantal projecten dat van bijzondere betekenis wordt geacht is in tekst en illustratie ruimer aandacht besteed. De selectie van de projecten beoogt een representatieve keuze te zijn uit het werk van architecten en architectuurstromingen die een relevante rol hebben gespeeld in de ontwikkeling van de moderne architectuur in Nederland. Naast overwegingen van architectuurhistorische aard is geselecteerd naar gebouwtype, stijlperiode en bouwjaar. Soms speelden overwegingen met betrekking tot bereikbaarheid en bouwkundige staat een rol.

De gids behandelt in principe de architectuur van deze eeuw. De begrenzing van het begrip 'modern' is evenwel ook bij de figuur Berlage gelegd, terwijl twintigste-eeuwse uitingen van vroegere stromingen niet zijn opgenomen. Ook het begrip 'architectuur' kan verschillend geïnterpreteerd worden. Bij grensgevallen als utiliteitsbouw, civiele werken en omgevingskunst stond de inbreng van de architect en daarmee de vaak samenhangende aandacht van de architectuurpers voorop. In deze gids is relatief veel aandacht besteed aan recente architectuur. Naast het grote bouwvolume van de laatste decennia is ook de grote hoeveelheid naast elkaar opererende architectuurstromingen en stijlen hiervoor verantwoordelijk. Bovendien veronderstellen wij bij de gemiddelde architectuurtoerist een grote belangstelling voor nieuwe ontwikkelingen en nog niet gevestigde reputaties.

Paul Groenendijk, Piet Vollaard

Foreword

This guide is intended primarily to help devotees of modern architecture in Amsterdam to visit items of interest in this city. The bulk of the guide is given over to descriptions of buildings and urban projects. Each item is represented by an up-to-date photograph and a brief description, plus information on the designer(s), when designed and when built, and addresses. Several projects deemed of greater significance are given broader verbal and visual coverage. The items selected are considered to be a representative choice from the work of those architects and architectural streams that have played a pertinent role in the development of Dutch modern architecture. Other criteria for the present choice include the type of building, the period or style involved and the year of construction. In principle the guide is solely concerned with the architecture of this century. However, all that is 'modern' in Dutch architecture begins with Berlage; similarly, twentieth century buildings representing earlier trends have been left out. The meaning of the word 'architecture' can be variously interpreted too. In borderline cases such as civil engineering works and environmental art the architects' input and the amount of press coverage were decisive factors. A proportionally large percentage of the guide is devoted to recent architecture, not just because of the sheer quantity produced during the last few decades, but also due to the great number of architectural streams and styles operating literally within a stone's throw of each other. Moreover, the authors feel safe in crediting the average travelling architecture enthusiast with a genuine interest in new developments and in reputations yet to be established.

Paul Groenendijk, Piet Vollaard

Met de markant in het centrum gelegen Koopmansbeurs (001) van H.P. Berlage heeft Amsterdam één van de belangrijkste vertrekpunten van de moderne architectuur binnen haar grenzen. De beurs van Berlage is zowel een inspiratiebron voor de architecten van de Amsterdamse school als voor hun opponenten, de Nieuw Zakelijke architecten van De 8 en Opbouw. Maar ook traditionele architecten die teruggrepen op de architectuur van het roemrijke Hollandse verleden vonden in Berlage hun leermeester.

Ten tijde van de bouw van de Koopmansbeurs en de expansie van de stad aan het eind van de negentiende eeuw was de Amsterdamse binnenstad reeds volledig gevormd. De voortbrengselen van de moderne, twintigste-eeuwse architectuur zijn dan ook voornamelijk in de uitbreidingswijken rond het centrum en in de buitenwijken te vinden. De ongebreidelde, speculatieve uitbreiding van de stad in de negentiende eeuw leidde tot onaanvaardbare, onhygiënische revolutiebouw. De woningwet van 1901 had de mogelijkheid tot gesubsidieerde woningbouw geschapen, maar het zou nog tot na de Eerste Wereldoorlog duren voor de effecten van de activiteiten van sociaal-democratische bestuurders en woningbouwcorporaties zichtbaar werden.

De meeste woningbouwprojecten kenmerkten zich door een expressionistische baksteenarchitectuur die door J. Gratama in 1916 tot Amsterdamse School werd gedoopt. Spreekbuis van de Amsterdamse School was het tijdschrift Wendingen, waarvan de visionaire architect H.Th. Wijdeveld (1885-1961) de drijvende kracht was. De belangrijkste architecten van deze stroming zijn J.M. van der Mey (1878-1949), M. de Klerk (1884-1923) en P.L. Kramer (1881-1961), maar in vrijwel elk woningbouwplan uit de jaren twintig en dertig is de invloed van deze architectuur te zien.

Van der Mey is de ontwerper van het Scheepvaarthuis (002), een uitbundig en fantasierijk gedecoreerd kantoorgebouw. Het bekendst echter is de Amsterdamse School door de woningbouwprojec-

ten van De Klerk aan het Spaarndammerplantsoen (052) en aan de Vrijheidslaan (124) en het complex De Dageraad (122) van De Klerk en Kramer in Amsterdam-Zuid. Dit project ligt in het plan-Zuid (119), een hecht stedebouwkundig stelsel van monumentale straten en pleinen, opgebouwd uit gesloten bouwblokken.

Aanvankelijk kregen de architecten van het Nieuwe Bouwen, verenigd in De 8, weinig opdrachten in Amsterdam, waar de Schoonheidscommissie en de gemeente werden gedomineerd door de Amsterdamse School. De befaamde Openluchtschool (112) van J. Duiker (1890-1935) en B. Bijvoet (1889-1979) moest zelfs op een binnenterrein gerealiseerd worden. Andere voorbeelden van het vooroorlogse functionalisme in Amsterdam zijn de gebouwen van de Theosophische Vereniging (126) en de drive-inwoningen (114) van de Rotterdamse architecten Brinkman & Van der Vlugt en W. van Tijen. In het befaamde Betondorp (151), een woonwijk waar diverse industriële bouwsystemen werden toegepast, werkten zowel de functionalist J.B. van Loghem (1881-1940) als de Amsterdamse Schoolarchitect D. Greiner in een door het materiaal gedicteerde abstracte stijl.

Een voetnoot in de geschiedenis van de moderne architectuur in Nederland vormt de Amsterdamse Groep 32, een groep jonge architecten met o.a. A. Boeken, A. Staal en P. Zanstra, die een meer decoratieve, kunstzinnige architectuur voorstond, waarbij Le Corbusier en de klassieke oudheid als voorbeelden dienden. Eén van de weinige realisaties van deze niettemin invloedrijke architecten is de Apollohal van Boeken (117). De jaren dertig lieten een toenemende invloed van het traditionalisme zien, met als belangrijkste vertegenwoordigers A.J. Kropholler, M.J. Granpré Molière en J.F. Berghoef. Het hoogtepunt van de traditionele tendensen in de Nederlandse architectuur wordt gevormd door de prijsvraag voor een (niet gerealiseerd) nieuw Amsterdams stadhuis, waar ten koste van functionalisten en aanhangers van Groep 32 twee Granpré Molière-leerlingen, representanten van de Delftse School, met de prijzen gingen strijken.

De crisis in het functionalisme werd door de Tweede Wereldoorlog onderbroken, waarna traditionalisten en functionalisten eendrachtig aan de wederopbouw van het land en de bestrijding van de woningnood begonnen. In de jaren dertig reeds was onder leiding van C. van Eesteren (1897-1988) en K.T. van Lohuizen op wetenschappelijke wijze aan stadsuitbreidingen gewerkt. Het Algemeen Uitbreidingsplan (AUP) uit 1934, gebaseerd op de principes van de CIAM (Congrès Internationaux d'Architecture Moderne), bepaalde lange tijd de naoorlogse woningbouw en stedebouw. Hoogte- en dieptepunt van de CIAM-stedebouw en grootschalige stadsuitbreidingen is de Bijlmermeer (150). Een reactie op de massawoningbouw vormden de activiteiten van A.E. van Eyck (1918), H. Hertzberger (1932) en J.B. Bakema (1914-1981), verenigd in Team X en als redactie van het tijdschrift Forum.

Het 'verhaal van een andere gedachte ' komt het best tot uiting in Van Eycks Burgerweeshuis (104) en Hertzbergers bejaardentehuis De Drie Hoven (085). Later vormden leerlingen van Van Eyck van de Amsterdamse Academie van Bouwkunst een nieuwe richting in de architectuur waarin de mens en zijn relaties centraal staan en niet de bureaucratie of technocratie van het naoorlogse functiona-

lisme. P. Blom, J. van Stigt, J. Verhoeven en Th. Bosch waren actief in o.a. de Stichting Nieuwe Woonvormen. De reconstructie van de binnenstad, de negentiende-eeuwse saneringswijken en de oude havengebieden leidde tot een nieuwe stadsvernieuwingsarchitectuur waarin kleinschaligheid, multifunctionaliteit en bewonersparticipatie trefwoorden waren. Een van de belangrijkste projecten was de renovatie van de Nieuwmarktbuurt (017) na de bouw van de metro.

Deze veelal smalend truttigheid genoemde kleinschaligheid leidde tot een herwaardering van de architectonische principes van het Nieuwe Bouwen en van een heldere, rationele architectuur en stedebouw door Rotterdamse architecten als W.G. Quist, C.J.M. Weeber en R. Koolhaas met zijn Office for Metropolitan Architecture. Weebers stedebouwkundige plan voor de Venserpolder (149) is helder en overzichtelijk en betekent een terugkeer naar het gesloten bouwblok. Koolhaas' IJ-plein (053) is te zien als een hedendaagse interpretatie van het Nieuwe Bouwen, de strokenbouw en de specifieke tuinstadsfeer van Amsterdam-Noord. Geheel op zichzelf staat het werk van de antroposofische architect A. Alberts (1927), die veel indruk maakte met zijn hoofdkantoor voor de NMB (155).

In de jaren negentig zet Amsterdam met de realisatie van tuinstad Nieuw-Sloten (091) en van het Oostelijk Havengebied (135) de traditie van sterke woningbouwplannen voort.

Introduction

In the striking and centrally sited Exchange (001) designed by H.P. Berlage, Amsterdam has within its boundaries one of the most important jumping-off points of modern architecture. This building has been a source of inspiration as much for architects of the Amsterdam School as for their opponents, the functionalist architects of the association De 8. But the traditional architects who reverted to the architecture of the Netherlands' glorious past were to discover a teacher in Berlage too.

At the time of the construction of the Exchange and of late nineteenth-century urban expansion, Amsterdam's inner city had already been fully formed. So the products of modern, twentieth-century architecture are thus chiefly to be found in the development districts around the town centre and in the suburbs. The unbridled, speculative expansion of the city in the nineteenth century gave rise to unacceptable and unhygienic jerry-building. The Housing Act of 1901 had created the possibility of subsidized housing, but it was only after the First World War that the activities of social-democratic councillors and cooperative housing associations took effect.

Most housing projects were hallmarked by an Expressionist brick architecture, a style described in 1916 by J. Gratama as Amsterdam School. The mouthpiece of the Amsterdam School was the periodical Wendingen of which the visionary architect H.Th. Wijdeveld (1885-1987) was the motivating force. The most important members of this stream were J.M. van der Mey (1881-1949), M. de Klerk (1884-1923) and P.L. Kramer (1881-1961), but in virtually every housing scheme of the twenties and thirties can be seen the influence of this style of architecture.

Van der Mey was the designer of the Scheepvaarthuis (002), an exuberant and fantastically decorated shipping office building. What the Amsterdam School is most famous for, however, are the housing projects of De Klerk on the Spaarndammerplantsoen (052) and in the Vrijheidslaan (124) and the Dageraad housing (122) by De Klerk and Kramer in Amsterdam-Zuid. The last-named project is contained within the expansion plan for Amsterdam-Zuid (119), a tightly-knit urban design system of monumental streets and squares, built up of perimeter blocks. Originally, the architects of the Dutch Modern Movement, united in De 8, received few commissions in Amsterdam, where the City and Planning Authority were dominated by the Amsterdam School. The celebrated Open Air School (112) designed by J. Duiker (1890-1935) and B. Bijvoet (1889-1979) was even relegated to a secluded square. Other examples of prewar functionalism in Amsterdam are the Theosophical Society buildings (126) and drive-in houses (114) by the Rotterdam architects Brinkman & Van der Vlugt and W. van Tijen. In the famous Concrete Village (Betondorp, 151), a housing estate utilizing a variety of industrial construction systems, both the functionalist J.B. van Loghem (1881-1940) and the Amsterdam school architect D. Greiner contributed work in an abstract style dictated by the material. Providing a footnote in the history of modern architecture in the Netherlands is Groep 32, a group of young Amsterdam architects including A. Boeken, A. Staal and P. Zanstra, who represented a more decorative, artistic style and took their cue from Le Corbusier and Classical antiquity. One of the few realized works of these nonetheless influential architects is Boeken's Apollo Hall (117). The thirties exhibited the increasing influence of traditionalism, with as its principal representatives A.J. Kropholler, M.J. Granpré Molière and J.F. Berghoef. The climax of traditional tendencies in Dutch architecture came with the competition for a new town hall in Amsterdam (never built, as it turns out), which was won by two representatives of the traditionalist Delft School, both pupils of Granpré Molière, at the expense of the functionalists and adherents to Groep 32.

The crisis in the Dutch Modern Movement was interrupted by the Second World War, after which traditionalists and functionalists together began rebuilding the country and combating the housing shortage. As early as the thirties, work on urban development had been carried out in a systematic fashion under the leadership of C. van Eesteren (1897-1988) and K.T. van Lohuizen. The General Expansion Plan (Dutch initials AUP) of 1934, based on the principles of CIAM (Congrès Internationaux d'Architecture Moderne), long governed postwar housing and urban design. Both the zenith and nadir of CIAM urban design and large-scale development is the Bijlmermeer complex (150). Coming as a reaction to mass housing were the activities of A.E. van Eyck (1918), H. Hertzberger (1932) and J.B. Bakema (1914-1981) both in Team X and on the editorial board of Forum magazine. Van Eyck's 'Story of Another Idea' is best expressed in his Orphanage (104), and in Hertzberger's De Drie Hoven old age home (085). Later, pupils of Van Eyck at the Amsterdam Academy of Architecture would launch a new tendency in architecture in which man and his relationships occupied a central place and not the bureaucracy or technocracy of postwar functionalism. P. Blom, J. van Stigt, J. Verhoeven and Th. Bosch were active in the Foundation for New Housing Models and elsewhere. Particularly the reconstruction of the inner city, nineteenth-century redevelopment districts and dilapidated dockside areas led to an architecture of urban renewal in which small-scale, multi-function and resident participation were key slogans. One of the most important of these projects was the renovation of the Nieuwmarkt area (017) following its partial demolition to build the Metro. Often scornfully dismissed as too 'cosy' and neo-vernacular, this small-scale architecture prompted the reappraisal of the architectonic principles of the Modern Movement and of lucid, rational architecture and urban design by Rotterdam architects like W.G. Quist, C.J.M. Weeber and R. Koolhaas with his Office for Metropolitan Architecture. Weeber's urban design masterplan for the Venserpolder (149) is clear-cut and surveyable, and heralded a return to the perimeter block. Koolhaas's IJ-plein (053) can be seen as a latter-day interpretation of the Modern Movement, open row housing and the characteristic garden city atmosphere of North Amsterdam. A quite isolated phenomenon is the work of the anthroposophical architect A. Alberts (1927), who created a stir with his head office for the NMB (155). Sloten garden village (091) and the Eastern Docklands (135) illustrate the continuation into the nineties of the Amsterdam tradition of high-powered housing schemes.

Beursplein/Damrak 277
museum open: dinsdag t/m zondag van 10-16 uur
H.P BERLAGE | 1884-1903
A.J. Derkinderen, J. Mendes da Costa, R.N. Roland Holst,
J.Th. Toorop, L. Zijl (b.k.), P. Zaanen, C. Spanjer (rest.)
Bouwkundig Weekblad 1898 p. 81; Architectura 1903 p.309; Wonen-
TA/BK 1975-2; A.W. Reinink - Amsterdam en de beurs van Berlage, 1975;
S. Polano - Hendrik Petrus Berlage, het complete werk, 1988; M. Bock -
De inrichting van de Beurs van Berlage, 1996

De totstandkoming van een nieuwe koopmansbeurs ter vervanging van het oude gebouw van Zocher uit 1845 heeft een lange
voorgeschiedenis. Reeds aan het eind van de jaren zeventig die-
nen verschillende architecten, gevraagd en ongevraagd, plannen
in voor diverse locaties. In 1884 wordt een prijsvraag uitgeschre-
ven, welke na 199 inzendingen en een tweede ronde voor vijf
geselecteerde ontwerpteams (o.a. Berlage) een slepende affaire
wordt met een plagiaatkwestie en onverkwikkelijke stijlcontrover-

sen. Aan de voortvarendheid van wethouder Treub is het te danken dat Berlage in 1896 een nieuw schetsplan (zonder gevels)
mag ontwerpen en in 1898 de definitieve opdracht voor een nieuwe beurs krijgt. De plattegrondopzet ligt al in grote lijnen vast en
wordt bepaald door functionele eisen. Het ontwerp is gebaseerd
op een geometrisch verhoudingenstelsel. Voor de gevels gebruikt
Berlage de zgn. Egyptische driehoek, i.e. de verhouding 5:8. De
plattegronden zijn gebaseerd op een praktische moduul van
3,80 m. Opvallend aan het exterieur is de grote eenheid. De verschillende functies, zoals kantoren, entrees en de drie grote zalen
voor goederen, granen en effecten, zijn ondergeschikt gemaakt
aan de totaliteit van de gevel. De gestrekte lange gevel aan het
Damrak vormt een doorlopend vlak met vensterpartijen, verlevendigd door verticale elementen. In de oostgevel stuiten de grote
rechthoekige zalen op de scheve rooilijn. Berlage gebruikt vele
middelen om dit divergente te accentueren, o.a. door lage bebouwing langs de rooilijn en een dubbele gevel. De twee korte gevels
bestaan meer uit een verzameling losse bouwdelen. Aan de zuidzijde is de toren asymmetrisch geplaatst t.o.v. de hoofdentree. De
noordgevel is zeer fragmentarisch en heeft, omdat de graanbeurs
ver naar achteren ligt en slechts met een lage galerij is afgesloten,
een groot 'gat' in de gevelwand. De grote zalen zijn overspannen
door in het zicht gelaten gebogen stalen spanten. Het ornament is
in de totale compositie van het gebouw opgenomen en vormt
veelal een expressie van een functie, zoals natuurstenen consoles,
sluitstenen en lateien, hang- en sluitwerk en afvoerpijpen.
In de Nederlandse architectuur zijn Berlage en de Beurs synonie-
men geworden voor het begin van de moderne architectuur. Het

gebouw, op de grens van twee eeuwen gebouwd, vormt een
overgang van neostijlen en Art Nouveau naar zakelijkheid, van
fantasie en romantiek naar rationalisme. Het werk dient als voorbeeld voor zowel de architecten van de Amsterdamse School als
voor de Modernen. Als er in 1959 plannen zijn voor verbouw of
zelfs afbraak protesteert de Nederlandse architectuurwereld una-
niem. Vanaf 1984 zijn de beursactiviteiten geleidelijk naar nieuwbouw verplaatst. De Beurs van Berlage heeft sindsdien een cultu-
rele bestemming: de grote zaal (Goederenbeurs) wordt gebruikt
voor tentoonstellingen en manifestaties, de twee kleine zalen zijn
in gebruik als concertzaal (Effectenbeurs) en concertzaal/repeti-
tieruimte (Graanbeurs), de kantoren zijn verhuurd aan in de cultu-
rele sector werkzame bedrijfjes en de hoofdentree is verbouwd
tot grand-café. De restauratie van de Beurs is het werk van de in
theaterbouw gespecialiseerde architect Pieter Zaanen; de nieuwe
toevoegingen zijn contrasterend en zoveel mogelijk losgehouden
van het bestaande gebouw. Niet onomstreden is de zgn. AGA-
zaal, een glazen doos waarbij gebruik is gemaakt van een afgespannen glasconstructie waardoor een zo transparant mogelijke
neutrale doos werd gecreëerd die de ruimte intact laat.

■ The replacement of Zocher's old Exchange building of 1845
with a new one has a long history. Already at the end of the 1870s
many architects were submitting plans, commissioned or not, for
various locations. In 1884 a competition attracted 199 entries,
reduced for a new scheme to five selected teams, Berlage included. It dragged on through problems of copyright and sordid dis-
putes about style. In 1896, largely due to Alderman Treub's tenaci-
ty, Berlage was permitted to design a new plan (without facades)

and in 1898 received the official commission for the new
Exchange. Its plan, specified by functional demands, had been largely mapped out beforehand. The design is based on a system of
geometrical proportions. Elevations use the so-called 'Egyptian'
triangle (the ratio 5:8); floor plans follow a working module of
3.80 m. What is striking about the exterior is its unity. The different functions (offices, entrances, the three large halls for commo-
dities, grain and stock) are subordinate to the totality of its frontage. The elongated facade on the Damrak is one continuous
surface lined with windows and enlivened by vertical elements.
The east facade ranges the large rectangular halls along the slanting building line. This obliqueness Berlage emphasizes in many
ways, including a reduction in height, and double fronting. The
two short facades are more conglomerations of individual masses.
On the south side the tower is asymmetrical in relation to the position of the main entrance. The north facade is highly fragmentary
with a large 'gap' in its wall due to the grain exchange being
placed far back and enclosed by just a low gallery. The large halls
are spanned by arched steel trusses left visible. Ornament is
treated in terms of the composition as a whole and as a rule
expresses a function; stone consoles, key-stones and lintels, door
and window hardware, and drainpipes.
In Dutch terms Berlage and the Amsterdam Exchange mean the
beginning of Modern Architecture. Built at the turn of the century
the work forms a transition from 'Neo' styles and Art Nouveau to
objectivity, from fantasy and Romanticism to Rationalism, serving
as model both for the Amsterdam School and for Modern architects. In 1959 plans to rebuild or even demolish were greeted with

unanimous protest from the Dutch architectural world. From 1984 exchange activities have shifted gradually to new buildings. Berlage's magnum opus is now given over to cultural events; the main hall (commodity exchange) now houses exhibitions and major events, the two small spaces function as a concert hall (stock exchange) and concert/rehearsal hall (grain exchange), the offices are let to firms in the cultural sectors and the main entrance is recast as a grand café. The restoration of the Exchange was the work of Pieter Zaanen, an architect specializing in theatre building; the new accretions contrast with and, where possible, keep their distance from the existing building. A controversial aspect is the AGA-zaal or Glass Music Hall, a stabilized glass box ensuring maximum transparency and neutrality in the interests of the original building.

002 SCHEEPVAARTHUIS/SHIPPING OFFICE BUILDING
Prins Hendrikkade 108-114
J.M. VAN DER MEY | 1912-1916/1928
P.L. Kramer, M. de Klerk (medew.), J.G. & A.D.N. van Gendt
(constr.), W. Bogtman, W.C. Brouwer, H.A. van den Eijnde,
H. Krop, C.A. Lion Cachet, T. Nieuwenhuis, J. Raedeker (b.k.)
H. Boterenbrood - Van der Mey en het Scheepvaarthuis, 1989

In het Scheepvaarthuis waren de kantoren van zes scheepvaart-
maatschappijen gehuisvest. Het wordt algemeen gezien als het
eerste gebouw dat volledig in de stijl van de Amsterdamse School
is gebouwd, hetgeen voornamelijk is te danken aan De Klerk en
Kramer die in die tijd op het bureau van Van der Mey werkten. De
decoraties ter plaatse van de fantastisch gebeeldhouwde entreepartij geven de hoek een sterk verticaal accent. Ruimtelijk hoogtepunt is de geometrisch gedecoreerde centrale traphal.
∎ Once the office premises of six shipping companies, this is
generally considered the first building to be realized exclusively in
the style of the Amsterdam School, mainly due to De Klerk and
Kramer, at that time both working at Van der Mey's office. The
decoration at the fantastically sculpted entrance gives this corner
a strong vertical thrust. Spatially the building's crowning achieve-
ment is its geometrically ornamented central wel.

003 EIGEN WOONHUIS/THE ARCHITECT'S HOUSE
Oudeschans 3
H.L. ZEINSTRA | 1977
de Architect 1981-1

De traditionele kenmerken van de Amsterdamse grachtenhuizen
worden met gebruik van moderne materialen en een moderne
vormentaal tot een geraffineerd ruimtelijke gevel verwerkt. De
straatwand heeft een dubbele gevel. Doordat de uit betonelementen opgebouwde eerste gevel 'op vlucht' (licht naar voren
hellend) is gebouwd, wordt de ruimte tussen de beide gevels naar
boven toe steeds groter. Boven een appartement in twee lagen
bevinden zich drie appartementen in een laag.
∎ The traditional characteristics of the Amsterdam canal houses
have here been elaborated using modern materials and a modern
formal syntax into a refined spatial facade. The street wall has in
fact a double front. As the foremost facade of concrete elements is
gently tilted forward, the space between the two facade layers
increases with height. Its five levels comprise from the ground up
one two-level apartment and three of one storey each.

004 HOTEL, KANTOORGEBOUW/OFFICE BUILDING
Stationsplein
BENTHEM & CROUWEL | 1988-1992
*Bouw 1992-20, 1993-3; de Architect 1993-2; Deutsche Bauzeitung 1993-
10; l'Arca 1994-mrt; V. van Rossem - Benthem Crouwel, architecten, 1994*

Het complex bestaat uit een hoog kantoorgebouw en een langwerpig lager gebouw met hotelkamers, op de begane grond
gekoppeld door een strook algemene ruimtes. Bij de standaard-
kamers in het hotel is (volgens een Frans concept) de badkamer
niet aan de middengang maar aan de gevel gesitueerd. De golvende gevel van de hotelkamers is uitgevoerd in geprefabriceerde
elementen van glazen bouwstenen. Het kantoorgebouw heeft
afgeronde koppen en is voorzien van een gelaagde gevel met
servicebalkons en zonweringslamellen. De stabiliteitskern met
stijgpunten en toiletten is deels buiten het hoofdvolume geplaatst.
∎ The ensemble consists of a tall office building and an elongated
less-tall block of hotel rooms, the two linked on the ground floor
by a strip of general spaces. In the typical hotel rooms the bath-
room is set against the outer wall French style rather than along
the central corridor. The rippling frontage of the hotel is in prefabricated glazed brick panels; the office building has rounded
ends and a facade in layers alternating service balconies and sun
baffles. The core of vertical circulation and toilets stabilizes the
ensemble from its position partly outside the main volume.

005 HAVENGEBOUW/HARBOUR BUILDING

De Ruijterkade 7

W.M. DUDOK, R.M.H. MAGNÉE | 1957-1965

Bouwkundig Weekblad 1960 p.381; La Technique des Traveaux 1962 p.11

Door verregaande systematisering en prefabricage van gevelelementen, balken en trappen, wordt dit gebouw binnen de gestelde limieten van tijd en geld gerealiseerd. Bovenop de betonconstructie op de twaalfde en dertiende etage is een stalen opbouw geplaatst, waarin zich een restaurant met terras bevond. Een kleine laagbouw bevat twee dienstwoningen; een tweede langwerpig bouwblok is nooit gerealiseerd.

▪ By taking the organization and prefabrication of facade elements, beams and stairs to an extreme, this building was realized within both the allowed time and budget. Above the concrete structure of the twelfth and thirteenth floors rests a steel crown with restaurant and terrace. A small low-rise building contains two live-in units; a second large oblong block was never realized.

006 STADSVERNIEUWING/URBAN REDEVELOPMENT

Haarlemmer Houttuinen

H. HERTZBERGER; A. VAN HERK, C. NAGELKERKE | 1978-1983

Wonen-TA/BK 1982-18/19; de Architect 1982-10; Bouw 1983-23, 1984-13; Architecture d'Aujourdhui 1983-feb; Architecture + Urbanisme 1983-12

Rond een zeven meter brede woonstraat ligt aan de noordzijde de woningbouw van Hertzberger, voorzien van een bijzondere portiekontsluiting; aan de zuidzijde bevinden zich twee bouwblokken van 30 woningen en twee poortgebouwen met 15 woningen van Van Herk en Nagelkerke. Wegens de geringe breedte van de straat zijn deze blokken getrapt van opbouw. De constructie bestaat uit een betonskelet, ingevuld met kalkzandsteen en afgewerkt met gestucte buitengevelisolatie, de eerste toepassing van dit systeem in de sociale woningbouw. De witte gebouwen passen zich aan de omgeving aan in schaal en functie, maar vormen ook een contrastrijk eigentijds element.

▪ Along the north side of a seven metre wide pedestrian street is housing by Hertzberger boasting a unique variant on the porch access; on the south side are two blocks of thirty units each and two gateway buildings of fifteen units by Van Herk and Nagelkerke. Because of the narrowness of the street the blocks have a stepped structure. Concrete-framed with an infill of sand-lime bricks, they are finished with stuccoed exterior insulation, the first housing in Holland to do so. These white blocks fit well into their surroundings, yet inject a contemporary element rich in contrasts.

007 WOONGEBOUW/HOUSING BLOCK

Haarlemmer Houttuinen

R.H.M. UYTENHAAK | 1986-1989

de Architect 1990-2; Archis 1990-3; Bouw 1990-14/15; Architectuur in Nederland. Jaarboek 1989-1990; Domus 1991-6

Het lichtgebogen woongebouw, een wand oplopend tot maximaal acht bouwlagen, wordt naar de autoweg van het verkeerslawaai afgeschermd door glazen schermen en opent zich op het zuiden aan de stadszijde met ruime balkons, opgenomen in een betonraster. Het gebouw bevat 95 woningen: twee lagen maisonnettes op een ondergrondse parkeergarage, vier lagen 'normale' twee- en driekamerwoningen en bovenin groepswoningen voor bejaarden. Zoals het gebouw een samenstel van verschillende woningtypen is, zo is de architectuur van de gevels een collage van materialen en vormen.

▪ The gently meandering apartment block, a megastructure rising to a maximum of eight levels, is sheltered from the noise of the main road on that side by glass screens and opened up on its south side to the city with ample balconies. The block comprises 95 dwelling units: two levels of maisonettes above an underground car park, four levels of 'standard' two- and three-room units, and at the top communal dwellings for the aged. In the same way that the building is an assemblage of different dwelling types so too is the architecture of its facades a collage of materials and forms.

008 KANTOORGEBOUW/OFFICE BUILDING EERSTE HOLLANDSCHE LEVENSVERZEKERINGSBANK
Keizersgracht/Leliegracht
G. VAN ARKEL | 1904-1905
Bibliotheek voor Moderne Hollandsche Architectuur, deel 3-2, G. van Arkel, 1917; de Architect 1982-11

Dit kantoorgebouw voor de Eerste Hollandsche Levensverzekeringsbank kwam in de plaats van drie bestaande grachtenpanden. Van Arkel ontwierp een massaal Art Nouveau pand van zeven lagen. Opvallend zijn de gedetailleerde entree met vergulde stenen en het geveltableau in de toren. Eind jaren zestig is het pand door C. Wegener Sleeswijk aan weerszijden uitgebreid zodat bij de hoge blinde zijmuren een geleidelijke overgang naar de lagere grachtenhuizen werd gecreëerd.
▪ The office building for the First Dutch Life Insurance Bank took the place of three existing canal houses. Van Arkel designed a massive Art Nouveau building seven storeys high. Salient points are the detailed entrance of gilded bricks and the mural in the tower. At the end of the sixties the building was so enlarged by C. Wegener Sleeswijk as to create a gradual transition from its high blind sidewalls to less-high neighbouring canal houses.

009 LETTERENFACULTEIT/LANGUAGE FACULTY
Spuistraat/Raadhuisstraat
TH. J.J. BOSCH | 1976-1984
de Architect 1984-9; Wonen-TA/BK 1985-1; Bouw 1986-13; Architectural Review 1985-1

Om dit grote universiteitscomplex (100 m. lang) aan te passen aan de schaal van de grachtenwand is het gebouw sterk geleed en de gevel verticaal gearticuleerd met erkers en kolommen. Op de eerste drie lagen bevinden zich centrale voorzieningen. Op de etages erboven liggen clusters (vijf kamers rond een werkruimte) asymmetrisch aan weerszijden van een lange middengang, gescheiden door brede nissen voor de lichttoetreding. De constructie volgt deze geleding met een meanderende moederbalk op zware kolommen.
▪ To adapt this large block (100 m. long) belonging to Amsterdam University to the scale of the canal street walls meant a strong articulation using vertical bay windows and columns. On the first three levels are the central facilities. The floors above contain clusters (five tutors' offices around a seminar room) arranged asymmetrically on either side of a long central corridor and separated by deep recesses allowing in daylight. The loadbearing structure follows this articulation with a meandering main beam on massive columns.

010 POSTKANTOOR/POST OFFICE, MAGNA PLAZA
Nieuwezijds Voorburgwal
C.H. PETERS | 1893-1899
H.J.L.M. Ruijssenaars (rest. 1993)
Renovatie & Onderhoud 1992-10; Bouw 1992-25; F. Bless - Hans Ruijssenaars, architect, 1993

Het imposante neogotische hoofdpostkantoor van rijksbouwmeester Peters uit 1899 is gerestaureerd en verbouwd tot winkelcentrum. Twee bestaande lichthoven zijn vergroot en een derde binnenhof is met glas overkapt. De bestaande hoofdentree en de trappenhuizen zijn gehandhaafd en aangevuld met twee stelsels van roltrappen. Door de dienstingang aan de Raadhuisstraat te vergroten heeft het winkelcentrum een tweede entree gekregen. De 6.000 m² aan luxe winkels liggen tegen de buitengevels en zijn van de galerijen afgescheiden door luchtige, niet tot de plafonds doorlopende vouwwanden.
▪ The imposing Neo-Gothic main post office built in 1899 by the then government architect, C.H. Peters, was recently restored and recast as a shopping centre. Two existing light courts were enlarged for the purpose and a third inner court was given a glass roof. Ruijssenaars retained the existing main entry and stairtowers supplementing them with two escalator systems. The service entrance on Raadhuisstraat was enlarged into a second entry to the shopping centre. In all, there are 6,000 m² of luxury stores ranged along the outer walls, separated from the galleries by airy folding partitions kept clear of the ceiling.

011 KANTOORGEBOUW/OFFICE BUILDING
DE TELEGRAAF
Nieuwezijds Voorburgwal 225
J.F. STAAL, G.J. LANGHOUT | 1927-1930
Bouwkundig Weekblad 1930 p.333; Het Bouwbedrijf 1930 p.431

Dit voormalige kantoorgebouw/drukkerij is ingepast in een moei-lijke situatie, waarvan het oppervlak volledig is benut. Staal, die zich voornamelijk met de vormgeving van de gevels heeft bezig-gehouden, accentueert de overgang tussen oud en nieuw met aparte, afwijkende bouwdelen en past de indeling van de ramen in de vlakke gevel aan op de maat en verhoudingen van de wonin-gen in de omgeving. Het beeldhouwwerk op de toren is van Hildo Krop.
▪ This former office building/printers' works was eased into an awkward site making full use of its surface area. Staal, who was occupied mainly with designing the facades, accentuated the transition from old to new with visually distinct volumes and geared the arrangement of windows in the taut facade to the size and interrelation of the surrounding houses. The tower is decorated with sculpture by Hildo Krop.

012 RESTAURATIE/RESTORATION AMSTERDAMS
HISTORISCH MUSEUM
Kalverstraat 92
B. VAN KASTEEL, J. SCHIPPER | 1969-1975
Bouw 1977 p.681

Het museum is gehuisvest in het voormalige burgerweeshuis, een ingewikkeld complex van gebouwen (1414-1579). Bij de voorbeel-dige restauratie is een tweetal contrastrijke elementen toege-voegd: een harnassenvitrine en een overdekte vrij toegankelijke museumstraat, de Schuttersgalerij, die tevens dienst doet als openbare voetgangersverbinding. Deze moderne elementen van glas en staal geven een interessante etalagewerking aan het verder vrij gesloten gebouw.
▪ Occupying a former orphanage, a complicated amalgamation of volumes (1414-1579), the Historical Museum underwent an exem-plary restoration which included two heterogeneous additions: an armoury and a sheltered, freely accessible museum street, the Shooting Gallery, further serving as public pedestrian passage. These modern elements in glass and steel contribute a lively shop-window effect to the building's otherwise all but contained character.

013 WOONHUIS/PRIVATE HOUSE
Singel 428
A. CAHEN | 1964-1970
J.P.H.C. Girod, J. Koning (medew.)
TA/BK 1972 p.181; Bouw 1973 p.529; Architectural Review 1972-juli; Domus 1973-mrt

Dit moderne grachtenpand bevat een bedrijfsruimte in het souter-rain, drie standaardflats en een luxe flat over twee etages bovenin. De woningen worden ontsloten vanuit een rond trappenhuis met lift in het midden van het pand. De gevel van dit onopvallende, goed geproportioneerde gebouw is uit prefabbetonelementen vervaardigd. Het werd door de welstandscommissie veertien keer afgewezen.
▪ This modern canal house contains business premises in the basement, three standard flats and one luxury two-storey flat at the top. Apartments are reached from a circular staircase and lift in the core. The facade of this inconspicuous, well-proportioned building is constructed of prefabricated concrete elements. It was first rejected fourteen times by the Amenities Committee.

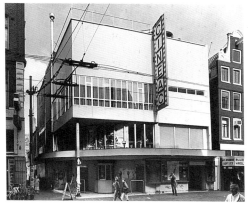

014 CINEAC HANDELSBLAD

Reguliersbreestraat 31-33

J. DUIKER | 1933-1934

De 8 en Opbouw 1934 p.197; Bouwkundig Weekblad 1935 p.103; Forum 1972-5/6; Duikergroep Delft - J. Duiker bouwkundig ingenieur, 1982

Een bioscoop voor doorlopende voorstellingen is ingepast in een bestaande situatie. Door de paraboolvormige zaal diagonaal te plaatsen wordt de beperkte ruimte optimaal benut. De stalen draagconstructie rust grotendeels op een bestaande fundering. Bijzondere elementen aan dit hoogtepunt van vooroorlogs constructivisme/functionalisme zijn verder de entreepartij met glazen luifel, de vanaf de straat zichtbare projectoren daarboven en de helaas gesloopte lichtreclame op het dak. De stalen gevelplaten verbergen een traditionele spouwmuur. Er zijn plannen voor de restauratie van het gebouw, waarbij het de functie van een aan de filmindustrie gelieerd restaurant krijgt.

▪ A cinema showing non-stop programmes was slotted into the available site. Placing its parabola-shaped auditorium diagonally made optimal use of limited space. Its steel frame rests largely on existing foundations. Other special features of this pinnacle of pre-war Constructivism/Functionalism include its entrance with glazed porch, projection booth visible from the street and illuminated sign above the roof, unfortunately removed. Steel facings conceal a traditional cavity wall. There are plans to restore the building and recycle it as a restaurant serving the film industry.

015 TUSCHINSKI THEATER/CINEMA

Reguliersbreestraat 26-28

H.L. DE JONG | 1918-1921

J. Gidding (int.), C. Bartels, B. Jordens (b.k.)

Architectural Review 1973 p.323; M.M. Bakker e.a. - Architectuur en stedebouw in Amsterdam 1850-1940, 1992

Scherp contrasterend met Duikers Cineac (014) is het Tuschinski Theater in uitbundige Art Deco uitgevoerd. Het smalle kavel (13,5 x 57,5 m.) is volgezet met een imposante, exuberante facade, rijk gedecoreerd en geheel bekleed met geglazuurde tegels. Ook het interieur, met name de lobby, is voorzien van kunstige decoraties als tapijten, muur- en plafondschilderingen, verlichtingseffecten en meubilair. Volgens het Bouwkundig Weekblad werd 'het stadsbeeld totaal bedorven' door de 'vormlooze torens' in 'den vorm van een 42 c.m. projectiel'.

▪ A sharp contrast with Duiker's Cineac (014), the Tuschinski Theatre displays an exuberant Art Deco style. Squeezed into the narrow site (13,5 x 57,5 m.) is an imposing, rather intellectual facade, richly decorated and covered with glazed tiles. The interior too, particularly the lobby, is rich in carpets, wall and ceiling paintings, lighting effects and furniture. The Bouwkundig Weekblad (an architectural weekly) wrote of 'pollution of the cityscape' by 'shapeless towers like 42 cm. projectiles'.

016 EFFECTENKANTOOR/STOCKBROKER'S OFFICE

Rokin 99

M.A.A. VAN SCHIJNDEL | 1988-1990

AB 1990-12

Het smalle pand huisvest naast het effectenkantoor een dakwoning. Door een vide rond het trappenhuis in de middenzone dringt het daglicht tot ver in het gebouw door. De trap staat onder een hoek van 45° tussen de splitlevelverdiepingen. De gevel is opgebouwd uit lagen zandgeel en turquoise graniet en afgedekt met een tympanon. Deze combinatie van klassieke vormen en materialen met hypermodern spiegelglas en felle kleuren, toegepast in een historische gevelwand, is gedurfd en niet onomstreden.

▪ The narrow premises combine a stockbroker's office with a small top-floor apartment. A void containing the staircase in the central zone delivers daylight deep into the building. The stair swings 45° back and forth between the split-level floors. The facade is built up of layers of sand-coloured and turquoise granite which terminate in a tympanum. This combination of Classical forms and materials and ultramodern mirror-glass and gaudy colours inserted into a traditional urban elevation is audacious and has not gone uncriticized.

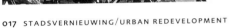

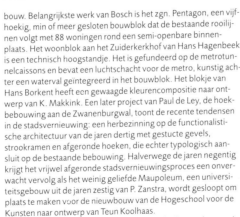

**017 STADSVERNIEUWING/URBAN REDEVELOPMENT
NIEUWMARKT**

Sint Antoniebreestraat e.o.

VAN EYCK & BOSCH | 1970-1975

Th.J.J. Bosch (proj.), G. Knemeijer, P. de Ley, D. Tuijnman
(medew.)

*Forum 1970-4; Architecture d'Aujourdhui 1975-jul/aug; Architectural
Record 1985-1; Bouw 1990-6; Architectuur in Nederland. Jaarboek 1988-
1989; F. Strauven - Aldo van Eyck, 1994*

De verpaupering van de Nieuwmarkt bereikt rond 1970 haar
hoogtepunt wanneer grootschalige ingrepen als de bouw van een
metro en verkeersdoorbraken voor het bedrijfsleven worden
voorbereid. Onder het motto 'Bouwen voor de buurt' bundelen
buurtbewoners, activisten en architecten de krachten voor renovatie van de buurt: restauratie van historische panden, nieuwbouw aangepast aan bestaande rooilijnen en schaal, prioriteit aan
wonen in combinatie met kleinschalige bedrijven en winkels en
betaalbare nieuwbouw voor buurtbewoners. De bemoeienis van
Van Eyck en Bosch gaat terug naar een stedebouwkundig plan
voor de Nieuwmarkt uit 1970 waarin voor het eerst de kwaliteiten
van het wonen in de oude stad tegenover de expansieideeën uit
de jaren zestig worden geplaatst. Bij de nieuwbouw worden kost-
bare en gecompliceerde overbouwingen van de metrobuis niet uit
de weg gegaan. De eerste realisaties zijn twee projecten van
Bosch. In deze invullingen is de typische jaren-zeventigopvatting
van aangepaste nieuwbouw te zien: kleinschaligheid gesuggereerd door kapvormen en aanpassing door traditionele baksteen-

bouw. Belangrijkste werk van Bosch is het zgn. Pentagon, een vijf-
hoekig, min of meer gesloten bouwblok dat de bestaande rooilijnen volgt met 88 woningen rond een semi-openbare binnenplaats. Het woonblok aan het Zuiderkerkhof van Hans Hagenbeek
is een technisch hoogstandje. Het is gefundeerd op de metrotun-
nelcaissons en bevat een luchtschacht voor de metro, kunstig achter een waterval geïntegreerd in het bouwblok. Het blokje van
Hans Borkent heeft een gewaagde kleurencompositie naar ontwerp van K. Makkink. Een later project van Paul de Ley, de hoek-
bebouwing aan de Zwanenburgwal, toont de recente tendensen
in de stadsvernieuwing: een herbezinning op de functionalistische architectuur van de jaren dertig met gestucte gevels,
strookramen en afgeronde hoeken, die echter typologisch aansluit op de bestaande bebouwing. Halverwege de jaren negentig
krijgt het vrijwel afgeronde stadsvernieuwingsproces een onver-
wacht vervolg als het weinig geliefde Maupoleum, een universi-
teitsgebouw uit de jaren zestig van P. Zanstra, wordt gesloopt om
plaats te maken voor de nieuwbouw van de Hogeschool voor de
Kunsten naar ontwerp van Teun Koolhaas.

▪ The disintegration of the Nieuwmarkt reached its peak around
1970 with preparations for a large-scale swathe of demolition for
construction of the Metro and industrial transport routes. Taking
the slogan 'building for the neighbourhood', locals, activists and
architects fought together for the renovation of the area: this
would include restoration of historic buildings, developments
made to fit in with existing street patterns and scale, priority for
combining housing with small businesses and shops, and new
buildings which locals could afford. The intervention of Van Eyck

and Bosch goes back to a 1970 urban plan for this area in which for
the first time traditional urban values were to co-exist with sixties
expansionism. The redevelopment scheme did not shun expensive and complicated structures straddling the Metro. The first
buildings realized were two projects by Bosch. This infill housing
illustrates typical seventies ideas on development adapted to its
surroundings, with a suggestion of the small-scale in the cappings
and of attunement in the traditional brick structure. Bosch's major
contribution is the Pentagon, a five-sided perimeter block adhering to the existing building lines and ranging 88 dwelling units
around a semi-public internal court. The apartment building on
Zuiderkerkhof by Hans Hagenbeek is quite a feat of technique,
founded as it is on Metro tunnel sections and cleverly concealing
air ducts for the metro behind a waterfall. The block by Hans
Borkent has a daring colour scheme to a design by the artist
K. Makkink. A later project by Paul de Ley, the corner development on Zwanenburgwal, illustrates recent trends in urban rege-
neration: a revamping of functionalist architecture of the thirties
with rendered walls, ribbon windows and rounded corners,
though closing ranks typologically with the existing development.
Halfway through the nineties the almost completed urban rege-
neration process gained an unexpected sequel when the
almost unanimously unpopular Maupoleum, a university building
by P. Zanstra erected in the sixties, was pulled down to make way
for Teun Koolhaas's new premises for the Amsterdam Academy
of Arts.

018 STADHUIS EN OPERA/TOWN HALL AND OPERA HOUSE (STOPERA)
Waterlooplein
W. HOLZBAUER, C.G. DAM | 1979-1987
Plan/Forum/TA/BK 1970; Forum 1980/81-3; Plan 1982-3/4; Wilhem Holzbauer, Bauten und Projekte 1953-1985, 1985; de Architect 1986-11; M. van Rooy - De Stopera, 1986; B. Lootsma - Cees Dam, architect, 1989

Twee belangrijke prijsvragen voor een nieuw stadhuis (1937, 1968) en een ontwerp voor een operagebouw van Holt en Bijvoet (1971) resulteren in 1979 in een gecombineerd gebouw voor stadhuis en opera naar een idee van de nieuwe prijsvraagwinnaar Holzbauer. Door het L-vormige kantoorgedeelte rond de operazaal te bouwen worden ruimte en kosten gespaard. De grote omvang van dit stedebouwkundig autonome complex, de coulissenarchitectuur en het compromiskarakter van het gebouw ontlokken de gebruikelijke stormen van protest bij bevolking en architecten, die luwen naarmate de bouw vordert.
▪ Two important competitions for a new town hall (1937, 1968) and a design for an opera house by Holt and Bijvoet (1971) resulted in 1979 in a town hall and opera house combined, based on an idea by the new competition winner Holzbauer. Building an L-shaped office section around the auditorium saved both space and cost. The great scale of this autonomous urban block, the structure and the element of compromise unleashed a storm of protest from townspeople and architects alike, which subsided as building progressed.

019 KAS/GLASSHOUSE HORTUS BOTANICUS
Plantage Middenlaan
ZWARTS & JANSMA | 1990-1993
J.M. van der Mey (oorspr. ontw.)
Archis 1992-12; Bouwen met Staal 1994-mrt/apr; M. Kloos - Amsterdam Architecture 1991-93, 1994

De Amsterdamse Hortus Botanicus bevat gebouwen uit verschillende perioden, onder meer een in 1912 gebouwd laboratoriumgebouw van Van der Mey, die overigens alleen de gevel ontwierp. De privatisering van de Hortus heeft geleid tot restauratie van de bestaande gebouwen en de bouw van een nieuwe kas van 1.500 m² met drie zones, een tropisch, een subtropisch en een woestijnklimaat. Het gebouw is opgebouwd uit standaardelementen uit de glastuinbouw, maar de draagconstructie is nieuw ontwikkeld. Stalen kolommen worden door kabels afgespannen langs vier assen in acht richtingen.
▪ The Botanical Gardens in Amsterdam contain buildings from various periods, including a laboratory block of 1912 by Van der Mey, who in fact only designed the facade. When the gardens were privatized the existing buildings were restored and a new glasshouse built of 1,500 m² in three zones each with its own climate, tropical, subtropical and desert. The building resorts to standard elements of horticultural construction, though the load-bearing frame was newly designed. Cables spanned between steel columns follow four axes in eight directions.

020 KANTOORGEBOUW/OFFICE BUILDING DIAMANT BEWERKERSBOND
Henri Polaklaan 9
H.P. BERLAGE | 1898-1900
L'Architecture Vivante 1924-II; J. Kroes - Het paleis aan de laan, 1979; S. Polano - Hendrik Petrus Berlage, het complete werk, 1988; M. van der Heijden - De Burcht van Berlage, 1991

Het gebouw van de Algemeene Nederlandsche Diamantbewerkersbond (een van de eerste vakbonden) symboliseert met zijn sombere gevel en ingangspartij de kracht van de arbeidersbeweging. De harmonieuze gevel bevat raamopeningen, steeds drie gelijke delen die in de breedte gelijk zijn maar in de hoogte variëren. Het trappenhuis is licht en vrolijk door het gebruik van gele baksteen en een daklicht. Deze trap is evenals de ooit weggetimmerde wandschilderingen van R.N. Roland Holst en andere elementen in het interieur weer grotendeels in oude glorie hersteld met de verbouwing van het gebouw tot Vakbondsmuseum door Atelier PRO.
▪ This building for the Union of Diamond Workers (one of the first Dutch trade unions) symbolizes with its sober facade and entrance the power of the workers' movement. The harmonious front includes windows grouped in threes of equal size, of constant width though of variable height. The staircase is bright and gay owing to the yellow brick and the rooflight. This stair, along with boarded-up mural paintings by R.N. Roland Holst and other interior elements, was largely restored to its former glory when the building was recycled as a Trade Union Museum by Atelier PRO.

021 MOEDERHUIS/MOTHERS' HOUSE

Plantage Middenlaan 33

A.E. VAN EYCK | 1973-1978

Architecture d'Aujourdhui 1975-jan/feb; de Architect 1979-4; Wonen-TA/BK 1980-8; Forum 1980/81-3; Architectural Review 1982-3; Progressive Architecture 1982-3; F. Strauven - Aldo van Eyck, 1994

Was Van Eyck met de architectuur van het Burgerweeshuis (104) de opvoeders twintig jaar vooruit, bij deze opdracht kon hij werken in nauw overleg met staf én cliënten van de Hubertusvereniging. Deze instelling is in de negentiende eeuw opgericht ter ondersteuning van 'gevallen vrouwen' en in de jaren zeventig geëvolueerd tot een instelling die ongehuwde moeders op voet van gelijkwaardigheid opvang en bescherming biedt. Het pension biedt een tijdelijk verblijf voor zestien ouders en ± 78 kinderen, alsmede ruimtes voor staf en administratie. Het betreft de invulling van een gat in een negentiende-eeuwse straatwand en de restauratie van twee aangrenzende historische panden. De invulling past zich aan bij de bestaande structuur (bouwhoogte, verticale hoofdindeling, onderbouw), maar wijkt er ook ingrijpend van af. De positie van entree en trappenhuis is zodanig dat er eigenlijk twee gebouwen ontstaan: een hoge nieuwbouw en een lagere uitbouw van de bestaande panden. Door kleur- en materiaalgebruik is er toch weer een eenheid. In de bestaande panden zijn de stafruimtes en de woon- en slaapkamers van de ouders ondergebracht. Deze hebben terrassen op de nieuwbouw. Het nieuwe gedeelte bevat bergingen, een kantine en keuken en het dagverblijf voor kinderen van 1-6 jaar. De bovenste twee lagen, hoog en geïsoleerd, zijn voor de baby's. Aan een binnenplaats bevindt zich een laagbouw van twee etages met woningen. Elke woning huisvest tien kinderen en bevat een slaapkamer, sanitair, keuken en woonkamer met veranda. Een mini-passage op de verdieping verbindt de woningen en het dakterras. De draagstructuur is een regelmatige betonconstructie van kolommen en vloeren met een vaste kern (lift en toiletten). De niet-dragende binnenwanden zijn veelal beglaasd en zorgen voor een transparante ruimtegeleiding. In plattegronden en gevels ontbreekt een eenduidige geometrie; er is een egale ordening van verschillende specifieke geometrieën: rechthoekige ruimtes, hoeken van 45°, cirkels, cirkelsegmenten en de vrije curven in de woningen voor kinderen. Ten tijde van de ruwbouw besluit Van Eyck, naast de kleurcodering van de laagbouw met paars, rood, oranje, geel en groen, de opeenvolgende metalen puien van de hoogbouw in verschillende kleuren te schilderen, waardoor de articulatie van de gevel beter tot uiting komt. 'Ik kies geen kleuren, mijn lievelingskleur is de regenboog.' Dit motief komt op enkele plaatsen terug.

■ If with the architecture of the Orphanage (104) Van Eyck was twenty years ahead of the educators, this time he was able to work closely with both staff and clients of the Hubertusvereniging. This association was set up in the nineteenth-century to help 'fallen women' and during the seventies evolved into an institution offering on equal footing the reception and protection of unmarried mothers. This boarding house, providing temporary lodgings for sixteen parents and some 78 children plus staff and administrative spaces, was to fill a gap in a nineteenth-century wall of housing, two neighbouring historic houses being restored at the same time. The infill was geared in height, layout, and understructure to the existing fabric, yet deviates radically from it in other ways. Entrance and stairhouse are so positioned as to create two buildings: a high, entirely new block and a less-tall extension to an existing house. The use of colour and material acts as a unifying element. Accommodated in the existing houses are staffrooms and parents' living and sleeping quarters with their terraces in the new addition. The entirely new block contains storage space, canteen and kitchen, and a day nursery for children aged one to six. The two uppermost levels, high and isolated, are for babies. Off an inner court is a low-rise section containing two storeys of dwellings. Each unit houses ten children and comprises a bedroom, toilet and washroom, kitchen, and living room with veranda. A tiny passage upstairs links the dwellings to a roof terrace. The load-bearing structure is a regular concrete construction of columns and floor slabs with a core (lift and toilet). Non-loadbearing walls are for the most part glazed and provide a transparent spatial articulation. Both in plans and facades there is no geometric regularity, but an even distribution of various geometric elements: rect-angular spaces, 45° angles, circles and segments, and free-form curves in the children's living quarters. When the building's shell was completed Van Eyck decided to supplement the intended colour scheme of the low-rise dwellings (purple, red, orange, yellow and green) by painting different sections of the high-rise facade different colours to give its articulation the expression it otherwise would have lacked. 'I don't choose colours', says Van Eyck, 'my favourite colour is the rainbow.' The rainbow motif can be found here more than once.

022 STUDENTENHUIS/STUDENTS' HOUSE
Weesperstraat 7-57
H. HERTZBERGER | 1959-1966
H.A. Dicke, Tj. Hazewinkel (medew.)
Forum 1963-4; Bouwkundig Weekblad 1966 p.412; Domus 1967-sep;
Werk 1968 p.310; Architecture d'Aujourdhui 1968-apr/mei; W. Reinink -
Herman Hertzberger, architect, 1991

De studentenkamers liggen aan een dubbele corridor, met stijgpunten en sanitair in de middenzone, en hebben een gemeenschappelijke zit- en eetruimte met terras. Er is een laag woningen
voor gehuwde studenten met een ontmoetingsruimte aan de kop.
Het gebouw bevatte voorts een mensa, een vakbondskantoor en
een café op de begane grond. Het 'binnenkomen' verloopt geleidelijk door overdekte buitenruimtes, niveauverschillen en lichtef-
fecten, zonder strikte scheiding tussen privé en openbaar.
▪ Here students' quarters are ranged along a double corridor,
with a central zone for vertical circulation and ablutions, and a
communal dining/cooking space with terrace. One floor houses
married students off a corridor with an encounter area at one end.
Also included were a restaurant, union office and a bar on the
ground floor. Entry from the street is a gradual affair of sheltered
inner courts, differences in level and lighting effects, with no
clear-cut division between private and public.

023 WOONGEBOUW/HOUSING BLOCK
Weesperstraat
R.H.M. UYTENHAAK | 1980-1994
de Architect 1993-6; Archis 1993-8; Architectuur in Nederland. Jaarboek
1993-1994

Dit complex vormt de overgang van het fijnmazige weefsel van de
grachtengordel met de grootschalige kantoorbebouwing aan de
Weesperstraat. Door de hoekverdraaiingen in het plan, gebaseerd op richtingen uit de directe omgeving, is een complex
geheel ontstaan. De gevels zijn beschouwd als vlakken met elk
een eigen karakteristiek: een combinatie van een steenachtig
scherm, o.a. van speciaal beton met ruitjespatroon, en een metalen pui. Met de gevelsystematiek is zowel een eigentijdse invulling van een grachtenwand mogelijk als een antwoord op de
grootschalige kantoorgevels. Onder het complex bevindt zich een
parkeerkelder van twee lagen.
▪ Uytenhaak's housing bridges the gap between the fine mesh of
the concentric rings of canals and the big office development on
Weesperstraat. It is intricate in plan, with angles rotated to follow
local lines of direction. The facades are treated as planes, combining a freestanding concrete grid with metal-framed glazing. That
the housing succeeds both as a contemporary infill in a old canal-
side elevation and as a response to the adjoining large-scale office
frontage is due to this configuration. Beneath the complex is a
two-storey parking garage.

024 JOODSCHE INVALIDE ZIEKENHUIS/HOSPITAL
Weesperplein 1
J.F. STAAL | 1935
Bouwkundig Weekblad 1935 p.329; Forum 1993-3/4

Het ontwerp behelst de verbouwing en uitbreiding van een
bestaand gebouw met op dat moment 300 patiënten. De nieuwbouw wordt gedomineerd door een transparant hoekelement met
verblijfszalen waardoor optimaal uitzicht wordt geboden aan de
veelal aan huis gebonden patiënten in de slaap- en ziekenzalen
aan de Nieuwe Achtergracht. Dit bouwdeel is bekroond met een
terugliggende opbouw, de bestuurskamer, met een voor de jaren
dertig karakteristiek halfrond dak. Aan het Weesperplein bevonden zich naast de hoofdingang de synagoge en de feestzaal. Het
gebouw is thans in gebruik als kantoorgebouw.
▪ The design was to refurbish and expand the Jewish invalid centre at that time housing 300 patients. The new building is dominated by a transparent corner of wards giving a maximum overview
of the mainly housebound patients staying in the dormitories and
sick bays on Nieuwe Achtergracht. This section is crowned by a
setback structure, the administration department, sporting a
thirties-style semicircular roof. The main entrance was on
Weesperplein along with the synagogue and festive hall. The
building now contains offices.

025 UNIVERSITEITSGEBOUWEN/UNIVERSITY
BUILDINGS
Roetersstraat
P.B. DE BRUIJN (ARCHITECTEN CIE) | 1989-1992
Stedenbouw 1992-492

Dit complex huisvest de faculteiten der Econometrie,
Economische en Ruimtelijke Wetenschappen. Het bestaat uit drie
rechthoekige bouwvolumes en een driehoekig bouwdeel dat de
mensa, bibliotheek en examenzaal bevat. Door de drie bouwdelen in hoogte te laten oplopen vormen zij een geleidelijke overgang met het bestaande grootschalige Chemiegebouw van
Gawronski. Het driehoekige bouwdeel is overkapt met een staal-
constructie en voorzien van een golvend groen dak.
▪ This complex houses the Faculties of Econometrics, Economy
and Spatial Sciences. It consists of three rectangular volumes and
a triangular block containing student kitchen, library and examina-
tion room. Rising in height, they form the gradual transition to the
existing big Chemistry building of Gawronski. The triangular section is oversailed by a steel structure capped with a green undulating roof.

026 RIJKSAKADEMIE VAN BEELDENDE KUNSTEN/
STATE ACADEMY OF FINE ARTS
Sarphatistraat 470
K.J. VAN VELSEN | 1985-1992
*Archis 1992-10; de Architect 1992-11; Architectuur in Nederland. Jaarboek
1993/1994; J. Rodermond - Koen van Velsen, architect, 1995*

De voormalige Cavaleriekazerne uit 1863 is verbouwd tot
Rijksakademie van Beeldende Kunsten. In de stallen en de mane-
ge zijn werkplaatsen en ateliers ondergebracht. Op het binnenplein staan twee nieuwe gebouwen met voorzieningen: bibliotheek, gehoorzaal, galerie, studio en administratie. Ze zijn met
luchtbruggen onderling en aan het bestaande gebouw verbonden. Aan de achterzijde aan het water bevindt zich een klein restaurant. De nieuwbouw vertoont de van Van Velsen bekende
architectonische complexiteit maar is met baksteen bekleed om
niet al te opzichtig tegen het bestaande gebouw af te steken.
▪ Here, a former cavalry barracks of 1863 has been converted into
a fine arts academy. In the former stalls and arena are now workshops and studios. The inner courtyard contains two new blocks
of facilities: library, auditorium, gallery, studio and administration.
Footbridges link them to each other and to the existing building.
At the rear on the water is a small restaurant. The new buildings
display Van Velsen's customary architectural complexity, yet have
stone cladding so as not to stand out too much from the existing
block.

027 KONINKLIJK INSTITUUT VOOR DE TROPEN/
ROYAL INSTITUTE FOR THE TROPICS
Linnaeusstraat 2
M.A & J. NIEUKERKEN | 1911-1925
J. Woudsma - Een markant gebouw in Amsterdam-Oost, 1990

Toen na veertien jaar voorbereiding het Tropeninstituut in 1926
werd opgeleverd liepen de reacties uiteen van lyrisch tot uiterst
negatief. In architectuur, materiaalgebruik, toegepaste kunst en
symboliek is het een anachronisme dat het negentiende-eeuwse
denken van bestuurders en de koloniale elite weerspiegelt. Het
complex bestaat uit twee onderling verbonden gebouwen: het
museumgebouw met een hoge gewelfde lichtkap en een hoofdgebouw met een uitbundige marmeren centrale hal en een prach-
tige aula met houten kapspanten. Het gebouw is voor die tijd uitbundig gedecoreerd en voorzien van vele symbolische beeld-
houwwerken.
▪ When this institute building was delivered in 1926 after preparations lasting fourteen years reactions ranged from ecstatic to
damning. In terms of architecture, material application, applied art
and symbolism it is an anachronism reflecting the nineteenth-century thinking of city administrators and the colonial elite. The complex divides into two linked buildings: the museum block capped
with a tall vaulted rooflight and a headquarters boasting an
exuberant marble main hall and a magnificent aula with timber
roof joists. The building is lavishly decorated for its day and well
furnished with symbolic sculptures.

028 HOOFDKANTOOR/HEAD OFFICE
NEDERLANDSE BANK
Frederiksplein
M.F. DUINTJER | 1960-1968
D.H. Cox, P.H. Goede, P.A. v.d. Heiden (medew.)
Forum 1957-8; Bouwkundig Weekblad 1968 p.418; Bouw 1968 p.932

Als winnaar van een prijsvraag ontwerpt Duintjer dit bankgebouw, dat door zijn schaal en geïsoleerde ligging nog steeds als schrikbeeld geldt wanneer nieuwbouw in de oude stad ter sprake komt. Op twee lagen parkeergarages met schuilkelder en kluizen is een laagbouw (100 x 110 m.) met twee binnenhoven geplaatst. De hoogbouw met kantoorruimtes verjongt zich naar boven toe; per verdieping ligt de gevel 2 cm. terug. Het gebouw is uitgebreid met een ronde kantoortoren naar ontwerp van J. Abma.
∎ Having won a competition Duintjer designed this bank, which because of its size and isolated position is still the bete noire of development within the old town. Above two underground levels of parking space with fall-out shelter and strong rooms is a low-rise block (100 x 110 m.) with two inner courts. The high-rise office slab tapers 2 cm. per storey. The building has been extended with a circular office tower by J. Abma.

029 KANTOORGEBOUW/OFFICE BUILDING
GEÏLLUSTREERDE PERS
Stadhouderskade 85
MERKELBACH & ELLING | 1959
M.A. Stam (proj.)
S. Rümmele - Mart Stam, 1991

De gevel van dit kantoorgebouw bestaat uit een glazen vliesgevel die tussen twee baksteenwanden is geplaatst. Een terugliggende balkonstrook op de bovenlaag, stalen glazenwassersbalkons, een uitspringende vlakke entreeluifel en vrij geplaatste kleine balkons die aan Gropius' ontwerp voor het Bauhaus in Dessau herinneren, geven juist voldoende profilering aan de vlakke glasgevel.
∎ The facade of this office building consists of a glazed curtain wall sandwiched between two walls of brick. A row of set-back balconies on the upper level, steel window-cleaners' balconies, a sleek projecting entrance awning and freely placed small balconies reminiscent of Gropius' design for the Bauhaus in Dessau, add just the right amount of modulation to the taut glass facade.

030 KANTOORGEBOUW/OFFICE BUILDING
Stadhouderskade 84
H. VAN HEESWIJK | 1989-1991
de Architect 1991-11; Architectuur in Nederland. Jaarboek 1991-1992; Bauwelt 1992 p.164; Bouw 1993-4; Baumeister 1995-apr; Hans van Heeswijk, architect, 1995

Met dit kantoorgebouw realiseert de architect een eigentijdse equivalent van het naastgelegen kantoor van Mart Stam (029). Stams ragfijne stalen kozijnen vinden hun pendant in een zorgvuldig vormgegeven vliesgevel met in neopreen gevatte glasplaten. De horizontale articulatie van de gevel die Stam realiseerde door de vloeren door de gevel te laten steken, wordt in Van Heeswijks ontwerp gerealiseerd door deze juist te laten inspringen. Een equivalent van Stams balkons ontbreekt, maar daar staat een veel opener en transparanter interieur van de nieuwbouw tegenover. Een terugliggende glazen lifttoren vormt de verbinding tussen de beide kantoorblokken.
∎ This is Van Heeswijk's contemporary version of the office next door built by Mart Stam (029). The latter's superslender steel frames are echoed in a sensitively shaped curtain wall set in neoprene gaskets. The horizontal articulation of Stam's building achieved by extending the floors through the outer walls is effected in Van Heeswijk's by the very reverse, having them recede. Though there is no physical equivalent of Stam's balconies, the new building does have a much more open and transparent interior. Linking the two office blocks is a setback all-glass lift tower.

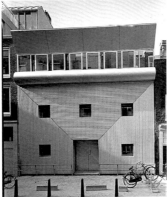

031 KANTOORGEBOUW/OFFICE BUILDING NEDERLANDSCHE HANDEL-MAATSCHAPPIJ
Vijzelstraat 32
K.P.C. DE BAZEL | 1919-1926
A.D.N. van Gendt (constr.), H.A. van den Eijnde, J. Mendes da Costa, L. Zijl (b.k.), J.F. Berghoef (rest. 1979), M.F. Duintjer (uitbr.)
L'Architecture Vivante 1926-I; A.W. Reinink - K.P.C. de Bazel, architect, 1965/1994

Het laatste na zijn dood voltooide ontwerp van De Bazel oogstte veel kritiek vanwege de grootschaligheid. Het enorme bouwvolume is welhaast sculpturaal behandeld door gebruik te maken van een hoge sokkel, twee terugspringende verdiepingen, een veelheid aan verticale geledingen en een geometrisch geornamenteerde gevel van baksteen en natuursteen. Het betonskelet, aan de buitenkant verhuld door de indruk van gestapelde bouw, krijgt in het interieur een architectonische functie, met name bij de twee hoge lichthoven.
■ This design for the Dutch Trading Company by De Bazel, the last he completed, was much criticized for its monumentality. The vast building volume was almost treated as sculpture by using a high socle, two receding storeys, much vertical articulation and a geometrically ornamented front of brick and stone. The concrete frame, concealed from outside by the impression of layered construction, within functions architectonically, particularly at the two high light courts.

032 ARCHITECTENBUREAU/ARCHITECT'S OFFICE
Kerkstraat 204
SJ. SOETERS | 1988-1989
Items 1990-34; Bauwelt 1991 p.1829; Architectural Review 1991-12; H. Ibelings - Sjoerd Soeters, architect, 1996

De voormalige Martin Luther Kingkapel uit 1967 is verbouwd tot architectenbureau. De bakstenen gevel is ingepakt met aluminium golfplaat en voorzien van een soort high-tech kroonlijst. Door de golfplaat deels horizontaal en deels verticaal aan te brengen, de diagonale naden te accentueren en de ramen verdiept te plaatsen ontstaat een geraffineerd spel met licht en schaduw. In de kerkruimte zijn twee werkvloeren aangebracht rond een centrale sacrale vide met matglazen wanden. In het interieur zijn verder standaard industriële materialen toegepast als metalen kabelgoten en pvc-dakplaten, normaal gebruikt als wanden voor schuurtjes.
■ The former Martin Luther King Chapel of 1967 has since been converted into an architect's office. The brick facade has been wrapped in aluminium corrugated sheet and topped off with a high-tech cornice. Applying the corrugated sheet part horizontally and part vertically, bringing out the diagonal seams and sinking the windows deep, trigger off a refined play of light and shadow. In the former main church space are now two workshop floors ranged round a central void of almost religious ambience with frosted glass walls. The interior otherwise resorts to typical industrial materials such as metal cable ducts and PVC roofing panels generally used for the walls of sheds.

033 TWEE KANTOORVILLA'S/TWO OFFICE BLOCKS
Weteringschans 26-28
F.J. VAN GOOL | 1976-1979
Wonen-TA/BK 1979-23; Forum 1980-1, 1993-mrt; Bouw 1981-1

De twee kantoorvilla's die in schaal, contour en volume overeenkomen met de vroegere villabebouwing op die plek, staan op de grens van grachtengordel en negentiende-eeuwse uitbreidingen. In 1980 speelt deze 'solo van 312 ramen' een hoofdrol in de discussie over 'nieuwe lelijkheid' van zakelijke architectuur en design. Hoofdstedelijke columnisten spreken hierbij van 'doodskoparchitectuur' en 'het lelijkste van Amsterdam'. Alles wendt kennelijk, want naarmate de tijd vordert verstomt de kritiek en groeit de waardering bij aanvankelijke tegenstanders.
■ These two office villas, taking their scale, contour and volume from the villas previously occupying that site, border on both canal zone and nineteenth-century development. In 1980 this 'solo of 312 windows' was to play a leading role in discussions on the new wave of ugliness sweeping objective architecture and design. Local columnists described it as 'death's-head architecture', and 'Amsterdam's ugliest'. Yet even here the criticism has gradually subsided over the years and one-time detractors admit to a growing appreciation.

034 SHOWROOM METZ & CO

Leidsestraat/Keizersgracht

G. TH. RIETVELD | 1933

Bouwkundig Weekblad 1933 p.388; De 8 en Opbouw 1933 p.185

Op het dak van de meubelwinkel van Metz & Co, waar onder meer Rietveldmeubelen worden verkocht, plaatste de architect een ronde glazen toonzaal, zodat nieuwe functionele meubelen in de juiste omgeving kunnen worden tentoongesteld. Ook nu nog kan men hier tegelijkertijd van goed ontworpen meubelen en het daklandschap van Amsterdam genieten. De koepel is 1986 gerenoveerd door Cees Dam.

▪ On the roof of Metz & Co's furniture store, which sold amongst other things Rietveld furniture, the architect placed a round glass showroom designed to show off modern Functionalist furniture in an appropriate setting. Here today one can still enjoy both well-designed furniture and a view of Amsterdam's roof landscape. The showroom was renovated in 1986 by Cees Dam.

035 CITYTHEATER/CINEMA

Kleine Gartmanplantsoen 13

J. WILS | 1934-1935

Bouwkundig Weekblad 1936 p.165

Deze bioscoop is binnen een uitzonderlijk korte bouwtijd gerealiseerd. Op een vierkante situatie bevinden zich utilitaire ruimtes in de kelder, een foyer/wachtruimte op de begane grond en de bioscoopzaal op de verdieping. De zaal is gericht op de diagonaal van de vierkante plattegrond. De aanwezigheid van een door de exploitanten vereiste toneeltoren en orkestbak verraadt nog enige onbekendheid met de toekomst van het bioscoopbedrijf. De helaas in slechte staat verkerende gevel duidt op een beter begrip bij de architect.

▪ This cinema was erected in a remarkably short time. Occupying a square site are a cellar containing services, a foyer/waiting room on the ground floor, and the auditorium on the upper level. The latter faces along the diagonal of the square plan. The presence of a fly tower and an orchestra pit insisted on by the proprietors reveal some uncertainty on their part as to the future of the cinema in general. Though in a deplorable state, the facade still shows that the architect knew better.

036 HOTEL CAFÉ RESTAURANT AMERICAN

Leidseplein 28

W. KROMHOUT, G.J. JANSEN | 1898-1902

Architectura 1902 p.81, 273; Het Bouwbedrijf 1930 p.211; I. Jager - Willem Kromhout Czn., 1992

De verschillende functies van het gebouw, hotel, café-restaurant en feestruimte, hebben ieder een eigen expressie in de gevel gekregen. Een horizontale loggia vormt de overgang van de bogen van de cafézaal naar het verticalisme van de hotelgevels, geaccentueerd door de hoektoren. De decoraties zijn speels en fantasierijk. Half-abstract en vol verwijzingen naar andere architecturen vormt deze architectuur een overgang tussen Art Nouveau en Amsterdamse School. De uitbreiding van G.J. Rutgers uit 1928 volgt het origineel.

▪ The famous American Hotel is also a bar-restaurant and party centre, with all three functions individually expressed in the facade. A horizontal loggia connects the curvilinear coffee hall with the soaring hotel facades emphasized at the corner by a tower. Decorations are playful and imaginative. Semi-abstract and containing much of other works this building's style forges a link between Art Nouveau and the Amsterdam School. The extension by G.J. Rutgers in 1928 keeps to the original style.

037 VERBOUWING HUIS VAN BEWARING/FORMER
HOUSE OF DETENTION
Kleine Gartmanplantsoen
P. ZAANEN | 1983-1991
C. Spanjer (proj.)

De bestemming van dit voormalige gevangeniscomplex is aanleiding geweest voor jarenlange discussies, protestacties en ont-
werparbeid. Het uiteindelijk gerealiseerde project bevat een
theater, een casino (038) en winkels en woningen. Het kruisvormige huis van bewaring vormt de basis van dit nieuwe winkel- en
recreatiegebied, gesitueerd op een voormalig bolwerk. Via een
nieuwe brug is het gebied opgenomen in de voetgangersroute
naar het Leidseplein.
▪ The recycling of these former prison grounds was the subject of
years of wrangling, protest and design work. As built the project
comprises a theatre, a casino (038), shops and housing. The cruciform house of detention was the springboard for this retail/leisure
area set on the old fortifications. A new bridge pulls the area into
the pedestrian route to Leidseplein.

038 CASINO, LIDO
Kleine Gartmanplantsoen
M. EVELEIN, H.J.L. RUIJSSENAARS | 1985-1991
AB 1992-6/7; Architectuur in Nederland. Jaarboek 1991-1992

Een oude villa is verbonden met een nieuwbouwcomplex met het
Lido, een combinatie van een restaurant voor theatershows, een
brasserie en een gewoon restaurant, waar bovenop het Casino is
gebouwd. Een grote ronde speelzaal is de belangrijkste ruimte in
het casino; het interieur is kleurig en uitbundig vormgegeven,
waarbij de kapconstructie een grote rol speelt. De toegangszone
bevindt zich achter een gevelscherm aan de Singelgracht. In deze
zone bevinden zich ook de belangrijkste trappen en ontspan-
ningsgebieden. De bestaande villa heeft als aanzet gediend voor
de gevelarchitectuur.
▪ Connecting an old villa with a new complex is the Lido, a combination of a restaurant offering floor shows, a brasserie and a
straightforward restaurant, on top of which stands the Casino. Its
main space is the large round gaming hall, whose interior is many-
hued and exuberantly shaped, particularly the roof structure. The
entry zone is discovered behind a screen front on the canal
(Singelgracht) and contains the principal stairs and relaxation
areas. The existing villa was the stepping-off point for the facade
architecture.

039 BYZANTIUM
Stadhouderskade/Tesselschadestraat
OMA | 1985-1991
K.W. Christiaanse, R. Koolhaas, R. Steiner (proj.)
*de Architect 1991-7/8; Archis 1991-8; Architectuur in Nederland. Jaarboek
1991-1992*

In de pers werd dit luxe appartementengebouw met winkels en
kantoren omschreven als toonbeeld van arrogantie en smakeloos-
heid. In feite is het een sober, degelijk en voornaam gebouw dat
goed aansluit op de omgeving; door de kamvormige structuur op
het Vondelpark en door de hoge bebouwing en de kantoortoren
op de pleinwand. Op straatniveau is het gebouw verlevendigd
door een opzichtige uitbouw. De bekroning met een goudkleurige
kegel, oorspronkelijk bedoeld als skybar, bevat de living van het
bovenste appartement.
▪ In the press this luxury apartment building containing shops and
offices has been branded as the epitome of arrogance and taste-
lessness. It is in fact a sober, respectable, distinguished building
which fits well into its setting, through the comb-shaped structure
to the Vondel Park and the tall mass and office tower on the square
side. The block is enlivened at street level by a flamboyant extension and crowned with a gold truncated cone, originally intended
as a sky bar and now containing the living room of a top-floor
penthouse.

040 MUSEUM VINCENT VAN GOGH
Paulus Potterstraat 13
RIETVELD VAN DILLEN VAN TRICHT | 1963-1973
J. van Tricht (proj.)
Plan 1970 p.316; Bouw 1973 p.1127; Architectural Review 1973 p.376;
Bauen+Wohnen 1973 p.414

Een uitgebreide collectie Van Goghs wordt geëxposeerd op het
entreeniveau en rond een vide die over de volledige hoogte van
het gebouw doorloopt. De hand van Rietveld, wiens schetsont-
werp na zijn dood door zijn partners is uitgewerkt, is herkenbaar
in de compositie van doorlopende vlakken bij de hoofdentree en
in het, gezien het massieve uiterlijk, verrassend open en ruimtelijke interieur. Het gebouw wordt uitgebreid met een halfrond,
vrijstaand paviljoen naar ontwerp van de Japanse architect Kisho
Kurokawa dat een onderdeel moet gaan vormen van de her-
inrichting van het Museumplein naar ontwerp van de Deense
landschapsarchitect Sven-Ingvar Andersson.
▪ Here, an extensive collection of Van Gogh's work hangs both on
the entrance level and around a void extending to the building's
roof. The hand of Rietveld, whose rough design was completed
by his partners, is recognizable in the composition of continuous
surfaces at the main entrance and, considering the building's
blocky outer appearance, the surprisingly open and spacious interior. The museum will be enlarged with a semicircular freestanding
pavilion, designed by the Japanese architect Kisho Kurokawa, as
part of the redesigned Museumplein to a plan by the Danish
landscape architect Sven-Ingvar Andersson.

**041 EIGEN WOONHUIS/THE ARCHITECT'S HOUSE
(VILLA TROOSTWIJK)**
Museumplein 4
J. DE BIE LEUVELING TJEENK | 1925
Bouwkundig Weekblad 1927 p.444; Archis 1987-3; M.M. Bakker e.a. -
Architectuur en stedebouw in Amsterdam 1850-1940, 1992

De grote vrijstaande stadsvilla's in de Amsterdamse binnenstad
zijn grotendeels in de tweede helft van de vorige eeuw gebouwd.
Villa Troostwijk is een van de weinige moderne voorbeelden. Met
zijn naar het werk van Frank Lloyd Wright verwijzende overste-
kende luifels en horizontale kubische vormgeving en met zijn
expressief gebruik van baksteen is deze villa eigenlijk meer ver-
want aan de zogenaamde Haagse School van Co Brandes e.a. dan
aan de Amsterdamse School. Intern zijn de verschillende ruimten
geschakeld rond een centraal trappenhuis. Eind jaren tachtig is
het woonhuis enige tijd in gebruik geweest als Museum Overholland voor kunstwerken op papier. De architecten Benthem &
Crouwel handhaafden het bestaande ontwerp grotendeels.
▪ Most of the large freestanding urban villas in Amsterdam's inner
city were built during the second half of the 19th century. Troostwijk is one of the few modern examples. Its jutting awnings, horizontal cubic design (a Wrightian allusion) and expressive use of
brick relate it more to the 'Hague School' of Co Brandes et al than
to the Amsterdam School. Internally all spaces are ranged round a
central stairwell. At the end of the eighties the house did a stint as
the Overholland Museum for paper artwork, for which the architects Benthem & Crouwel retained most of the existing design.

042 HILLEHUIS
Johannes Vermeerplein 34
M. DE KLERK | 1911-1912
M. Casciato - De Amsterdamse School, 1991

Hoewel het Hillehuis nog tamelijk traditioneel oogt, wordt het
beschouwd als het eerste gebouw waarin de Amsterdamse
Schoolarchitectuur zichtbaar wordt. In de gevel overheersen
verticale accenten en decoratief gebruik van baksteen in de
medaillons boven de ramen. Het gebouw is een opdracht van de
Amsterdamse eigenbouwer Klaas Hille, ook verantwoordelijk
voor de woningen in de Spaarndammerbuurt (052). Aanvankelijk
was hiervoor de Amsterdamse architect Baanders benaderd.
Deze geeft de opdracht door aan zijn nogal onzakelijke protégé
De Klerk, die hij steunt en een werkruimte op zijn bureau heeft
gegeven.
▪ Fairly traditional-looking though it is, the Hillehuis is regarded as
the first building to exhibit Amsterdam School architecture.
Outside, vertical touches predominate along with the decorative
use of brick in the medaillons above the windows. The building
was commissioned by the Amsterdam property developer Klaas
Hille, who was also responsible for the Spaarndammerbuurt
housing (052). He originally approached Baanders, a local architect, who passed on the commission to his fairly unbusinesslike
protégé De Klerk, supporting him and giving him a workplace at
his office.

043 HUIZE LYDIA
Roelof Hartplein 2
J. BOTERENBROOD | 1922-1927
Bouwkundig Weekblad 1927 p.397

Het gebouw fungeerde oorspronkelijk als tehuis voor rooms-katholieke vrouwen en meisjes. Op de onderste lagen bevonden zich de gemeenschappelijke ruimtes en de hoofdentree in het rechter bouwdeel, terwijl de hogere verdiepingen voornamelijk de 158 aan een corridor gelegen slaapkamers bevatten. Elke verdieping had intern een eigen kleur: ivoorwit, groen, donkerrood, groen-blauw en grijs. De voorzieningen op de verdiepingen, zoals wasruimtes, een ziekenzaal en een kapel, bevonden zich vooral op de hoeken van het U-vormige gebouw. Deze hoofdopzet is in de gevel duidelijk zichtbaar door de voor de Amsterdamse School kenmerkende geprononceerde vormen en fantasierijke raamvormen. Het gebouw heeft thans een buurtfunctie.
■ The building served originally as a home for Roman Catholic women and girls. On the lowest level were the communal rooms and the main entrance in the right-hand section. Upstairs was mainly given over to the 158 bedrooms reached from a corridor. Each level had its own colour internally: white, green, crimson, blue-green and grey. The upstairs facilities such as washrooms, a sick bay and a chapel were mostly located at the corners of the U-shaped building. This main statement is clearly expressed in the frontage by striking forms and fantastic window shapes typical of the Amsterdam School. The building is now a local centre.

044 WONINGBOUW/HOUSING
Harmoniehof
J.C. VAN EPEN | 1919-1923
J.G. Wattjes - Amsterdam's Bouwkunst en Stadsschoon 1306-1942, 1943

Dit woningbouwcomplex, een oase in de drukke stad, is ontworpen voor woningbouwvereniging Samenwerking. De hogere bebouwing ligt rond het groene plein dat wordt afgesloten door enkele villa-achtige kopwoningen. Het complex heeft bij renovatie de karakteristieke okerkleurige kozijnen verloren; deze zijn alleen nog bij de vrijstaande woningen te zien. Andere complexen van Van Epen, die vooral als woningbouwer actief was, zijn te vinden langs de Amstelveenseweg en aan de Pieter Lastmankade. Van Epen combineert de aandacht voor de totale gevelcompositie van het bouwblok en het decoratieve gebruik van baksteen van de Amsterdamse School met aanmerkelijk functioneler opgezette woningen.
■ This complex - an oasis in the bustling city - was designed for Samenwerking, a housing corporation. The taller development is set directly on this public space whose head ends are terminated by villa-style houses. Renovation work deprived the complex of its typical ochre-coloured window and door frames, with the exception of the freestanding houses. Other such ensembles by Van Epen, who principal subject was housing, can be seen along Amstelveenseweg and Pieter Lastmankade. Van Epen combined a focus on the composition of the full frontage and decorative Amsterdam School brickwork, with houses whose internal layout is noticeably more functional.

045 WONINGBOUW/HOUSING
Bartholomeus Ruloffsstraat
J.F. STAAL | 1922-1924
M. Casciato - De Amsterdamse School, 1991

In dit woningbouwproject resulteert de ambivalente houding van Staal ten opzichte van de Amsterdamse School in een voorbeeldige synthese van rechthoekig/geometrische en welvend/expressionistische decoratie. De gevel langs de Coenenstraat is opgebouwd uit eenvoudige repeterende elementen, waarbij vooral de 'lantarens' boven de entrees opvallen. Op de hoek van de Bronckhorststraat is echter een vrijere, in de traditie van de Amsterdamse School passende vormgeving toegepast.
■ In this housing project Staal's ambivalent attitude towards the Amsterdam School spawned an exemplary synthesis of angular-geometric and vaulted-Expressionist decoration. The facade along Coenenstraat is built up of repeated elements, of which the 'lanterns' above the entrances are particularly striking. The corner of Bronckhorststraat, however, employs a freer composition more in the tradition of the Amsterdam School.

046 WONINGBOUW/HOUSING WESTERDOK
Grote Bickersstraat
P. DE LEY | 1980-1982
F. Roos (medew.)
Bouw 1983-11; Forum 1983-1/2; Architectural Review 1985-1

Na lange strijd tegen de oprukkende kantorenbouw krijgt de woonfunctie van het Bickerseiland definitief prioriteit met de bouw van deze 158 woningen: twee bijna gesloten bouwblokken en twee randbebouwingen waarin bestaande woningen en gebouwen zijn opgenomen. De woningen worden ontsloten door galerijen met trappenhuizen op de hoeken. De gevel bestaat uit een binnen- en een buitenvlak, 1,40 m. van elkaar. In deze zone bevinden zich galerijen, balkons en erkers zodat een coherent en ritmisch gevelbeeld ontstaat.
■ After a protracted campaign against the threat of office development, housing was given conclusive priority on Bickerseiland with the building of these 158 dwellings: two virtually closed blocks and two peripheral terraces in which existing houses and buildings have been absorbed. Dwellings are reached from access galleries with corner staircases. Facades are split between two planes 1.40 m. apart. Within this area access galleries, balconies and bay windows combine in a coherent, rhythmic play of surfaces.

047 STADSVERNIEUWING/URBAN REDEVELOPMENT BICKERSEILAND
Bickersgracht 204-218
P. DE LEY, J. VAN DEN BOUT | 1975-1977
TA/BK 1972 p.427; Wonen-TA/BK 1975-6; Architecture d'Aujourdhui 1975-jul/aug; Bouw 1977 p.495

Een archetypisch stadsvernieuwingsproject: een kleinschalige invulling in traditionele bouwwijze met mansardekapjes, gerealiseerd met inspraak na een moeizame strijd tegen kaalslag, compleet met ingemetselde gedenksteen voor de architecten. In het dichte bouwblok met rug-aan-rugwoningen zijn zeer diepe woningen geprojecteerd met een lichthof in het midden. Enkele stegen doorsnijden het blok. De gevels met erkers en serres sluiten goed aan bij de bestaande pakhuisbebouwing.
■ An archetypical urban redevelopment project: following an initial uphill struggle against demolition, this small-scale infill using such traditional building methods as mansard roofs was realized with local participation, with even a dedication stone for its architects. Very deep units project from within a dense block of back-to-back dwellings, with a light court in the centre. A number of alleyways dissect the block. Facades with bay windows and conservatories fit well with the surrounding warehouses.

048 WONINGBOUW/HOUSING
Nova Zemblastraat
GIROD & GROENEVELD | 1975-1977
J. van Berge (medew.)
de Architect 1978-5

Het plan omhelst een gefaseerd woningbouwproject ter vervanging van de bedrijfspanden die geleidelijk uit de stad verdwijnen. De verkaveling bestaat uit kleine blokken, loodrecht op de ontsluiting, verbonden door laagbouw. Door het gebruik van B2-blokken, halfronde trappenhuizen, platte daken en een ritmische opbouw met balkons, kleine galerijen en maisonettewoningen ontstaat een architectuur die afwijkt van de gebruikelijke stadsvernieuwingspraktijk.
■ Built in phases, this housing project replaced warehouses of the type gradually disappearing from Amsterdam. Small blocks, at right angles to the main access, are linked by low-rise volumes. The use of concrete block, semi-circular staircases, flat roofs and a rhythmic structure of balconies, small access galleries and maisonettes produced an architecture that deviates from standard urban redevelopment practice.

049 WONINGBOUW, POLITIEBUREAU/HOUSING, POLICE STATION
Houtmankade
TH. J.J. BOSCH | 1990-1993
Bouw 1993-23; M. Kloos - Amsterdam Architecture 1991-93, 1994

Het complex dat bijna het gehele eiland vult bestaat uit een viertal I-vormige bouwblokken op een souterrain met parkeergarage en bergingen. Tussen de woongebouwen liggen drie verhoogde binnenpleinen met entrees voor de lagere woningen en terrassen. De overige woningen in de tussenleden worden via trappenhuizen en lift in de koppen en galerijen ontsloten. Door de koppen van de woongebouwen te verbreden behouden de kades een min of meer gesloten wand. In het zuidoostelijke bouwblok is op de eerste lagen een politiebureau ondergebracht. In het complex zijn de voor Bosch kenmerkende ronde vormen en materialen (stucwerk en glazen bouwstenen) toegepast.
■ Hogging virtually the entire island, this complex brings together a quartet of I-shaped blocks on a basement containing a parking garage and storage space. Between the housing blocks are three raised internal courtyards that give onto the lower housing and terraces. All other units in the intermediate volumes are reached by stairtowers and lift in the heads and external galleries. The elevation along the quay has been almost completely closed off by widening the heads of the housing blocks. Slotted into the initial levels of the southeast block is a police station. The complex exhibits the rounded forms and materials (rendering, glass block) characteristic of Theo Bosch.

050 PARKEERGARAGE/MULTI-STOREY CAR PARK
Marnixstraat 250
ZANSTRA, GMELIG MEYLING, DE CLERCQ ZUBLI | 1970-1971

Op de begane grond van deze parkeergarage in zeven lagen is in een stalling voor autobussen voorzien. De overige parkeerlagen worden bereikt via een op- en afrit in de vorm van een dubbele spiraal. De kolommen en vloeren zijn van gewapend beton.
■ On the ground floor of this seven-storey car park of is a section for buses. The remaining six are connected to the street by two ramps for incoming and outgoing vehicles in the shape of a double spiral. Columns and floor slabs are of reinforced concrete.

051 HAT-EENHEDEN/ONE TO TWO PERSONS UNITS
Jacob Catskade/De Wittenstraat
DE KAT & PEEK | 1983
H.L. Zeinstra (proj.)
Wonen-TA/BK 1985-1; Bouw 1985-8

Een voorbeeld van de vele invullingen van kleine gaten in de Amsterdamse stadsvernieuwing. De eenheden voor een- en tweepersoonshuishoudens zijn gesitueerd op een zeer scherpe hoek. De doorsnijding van de twee extreem smalle bouwblokjes (een lage en een hoge) krijgt op intelligente wijze gestalte door de uitkragende galerijkoppen en het gebruik van schijngevels, een vormenspel waarin zelfs de traditionele Amsterdamse hijsbalk een geïntegreerd onderdeel is.
■ Set on a very sharp corner, these units housing one to two persons exemplify the many infills of small gaps in Amsterdam's urban development. A section through the two tiny blocks (one low and one high) has been intelligently shaped by cantilevered gallery heads and mock facades, a play of form in which even the traditional Amsterdam tackle is an integral component.

052 WONINGBOUW/HOUSING EIGEN HAARD, POSTKANTOOR/POST OFFICE

Spaarndammerplantsoen, Zaanstraat, Oostzaanstraat

M. DE KLERK | 1913-1920

Wendingen 1919-2, 1924-9/10; L'Architecture Vivante 1926-II; Domus 1984-sep; GA- 56; M. Casciato e.a. - Le Case Eigen Haard di De Klerk 1913-1921, 1984

Het woningbouwcomplex in de Spaarndammerbuurt, het hoogtepunt van de Amsterdamse Schoolarchitectuur, bestaat uit drie blokken. Het eerste blok aan de noordzijde van het Spaarndammerplantsoen is gebouwd tussen 1913 en 1915 voor de ondernemer Klaas Hille. De overige blokken zijn overgenomen door de woningbouwvereniging Eigen Haard. Het was oorspronkelijk de bedoeling om alle drie de blokken aan het plantsoen te bouwen. Het zuidblok (1915-1916) is nog wel gebouwd, maar voor het oostblok werd een nieuw, driehoekig terrein langs de spoorbaan toegewezen. Dit laatste blok, dat spoedig de bijnaam 'Het Schip' zou krijgen, is gebouwd tussen 1917 en 1920 en afgezien van de school aan de zijde van de Oostzaanstraat volledig door De Klerk ontworpen.

De Klerks expressionistische stijl, nog rustig aanwezig in de eerste blokken, komt in dit blok tot volle uitbarsting. Een ongelooflijke vormenrijkdom en een van groot vakmanschap getuigende detaillering maken elk deel van het blok tot een op zichzelf staande sculptuur, zonder overigens de eenheid van het blok te ondermijnen. Het vijf verdiepingen hoge blok is symmetrisch georganiseerd. Aan de zuidzijde is het blok verlaagd. Een cilindrische

beëindiging van de gevel markeert de ingang van het postkantoor. De lange, horizontaal geaccentueerde gevels langs de Zaanstraat en gedeeltes van de Oostzaanstraat zijn relatief strak en rustig gehouden. De gevel langs de Hembrugstraat is in het midden eveneens verlaagd en teruggeplaatst, zodat een klein driehoekig voorplein ontstaat dat wordt gedomineerd door een taps toelopend torentje. Een smalle poort naast het postkantoor geeft toegang tot het binnenterrein, waar een smal pad tussen de tuinen eindigt in een vergadergebouwtje.

De vele verschillende metselverbanden en het fantastische timmerwerk dwingen respect af voor de metselaars en timmerlieden die deze arbeiderswoningen bouwden. Na De Klerks vroege dood in 1923 schreef een bewoonster in een ingezonden stuk in het dagblad Het Volk: 'Hij is heengegaan, de man van onze woningen. Hoe zullen wij arbeidersvrouwen deze stoere werker gedenken, voor wat hij gedaan heeft voor onze mannen en kinderen? Is het niet of iedere steen je toeroept: Komt allen gij werkers en rust uit in je huis, dat er is voor U. Is het Spaarndammerplein geen sprookje dat je als kind gedroomd hebt, omdat het iets was, wat voor ons kinderen niet bestond?'

Naast bewondering was er ook veel kritiek. Van de zijde van overheid en burgerij, die de woningen te luxeus en de architectuur te exuberant vonden. Van de zijde van de latere functionalisten kwam er fundamenteler kritiek. Achter de fraaie gevels komen de woningen, vaak standaardontwerpen van bouwondernemers, er maar bekaaid af. De meeste decoraties en het torentje hebben geen enkele functie. Ook is er kritiek op de weinig structurele wijze van behandeling van het bouwblok en van de bijzondere ele-

menten (school, postkantoor) daarin. Vóór het postkantoor is enig straatmeubilair van de Amsterdamse School verzameld.

■ The crowning glory of Amsterdam School architecture, Eigen Haard consists of three blocks of housing in the Spaarndammerbuurt. The first, on the north side of Spaarndammerplantsoen (public gardens), was built between 1913 and 1915 for the contractor Klaas Hille. The remaining two were taken over by the housing association Eigen Haard (Our Hearth). The original intention was to build all three round the public gardens. After the south block had been positioned there (1915-1916) the third block was given a new, triangular site overlooking the railway line. This block, soon nicknamed 'Het Schip' ('The Ship'), was built between 1917 and 1920 and apart from school on Oostzaanstraat is entirely the work of De Klerk.

His Expressionist style, quietly active in the first two blocks, is here fully unleashed. A staggering variety of form and a sense of detail evidencing consummate craftsmanship raise each section of the block to a self-sufficient piece of sculpture without in any way weakening the whole. Organized symmetrically, the block is in five storeys except at its lower southern end, where a cylinder marks the entrance to the post office. Long, horizontally accentuated facades along Zaanstraat and parts of Oostzaanstraat were kept relatively taut and less busy. Facades on Hembrugstraat are similarly lowered but in the middle, and set back creating a small triangular square dominated by a tapering tower. A narrow portal next to the post office provides access to an inner court, where a narrow path wedged between gardens terminates in a meeting hall.

The great variety of brickwork joints and the extraordinary woodwork command respect for those bricklayers and carpenters who built these workers' dwellings. After De Klerk's early death in 1923 a tenant wrote in a letter to the daily newspaper Het Volk (The People) the following: 'He has departed, the builder of our houses. How shall we workers' wives remember this unflagging workman for what he has done for our husbands and children? It is as if every brick calls out: Come all workers, and rest from your labours in the homes that await you. Is not the Spaarndammerplein a fairy tale dreamt of as a child, as something we children never had?'

Besides admiration there was plenty of criticism too. Government and bourgeoisie found the dwellings too luxurious and the architecture too exuberant. From later Functionalists there was a more fundamental criticism. Behind their attractive facades the dwellings, often building contractors' standard designs, had been given a decidedly rough deal. Most decorations and the tower served no purpose whatsoever. There was criticism, too, of the paucity of the structural treatment of the building block and of its facilities, such as the school and post office. Outside the latter can be seen some examples of street furniture by the Amsterdam School.

053 WONINGBOUW, STEDEBOUW/HOUSING, URBAN
DESIGN IJ-PLEIN
Meeuwenlaan e.o.
OMA | 1980-1982
R. Koolhaas, J. Voorberg (proj.), A. Eikelenboom (b.k.)
*de Architect 1982-10, 1984-10, 1988-3, 1993-2; Plan 1983-5; Wonen-TA/BK
1982-13/14; Architecture d'Aujourdhui 1985-4; Architectural Review 1985-
1; B. Leupen - IJ-plein Amsterdam, 1989*

Met de plannen voor een woonwijk op dit voormalig scheeps-
bouwterrein sluit OMA aan op de traditie van de tuinsteden die
zich in de nabije omgeving bevinden, en verzet zij zich tegen de
op dat moment in Nederland gangbare stedebouw waarbij een
laagbouwjungle-tactiek menselijkheid in de woonwijken zou moeten brengen. Het IJ-plein bestaat uit twee buurten: een stedelijk
deel in het westen en een dorps deel in het oosten. In het stedelijk
deel worden langgerekte woongebouwen afgewisseld met 'urban
villa's', woongebouwen op de schaal van vrijstaande stadshuizen
zoals deze in Amsterdam bijvoorbeeld langs de buitenste gracht-
tengordel staan. Het driehoekige deel in het oosten bestaat uit
laagbouwstroken, afgewisseld door smalle straten en collectieve
tuinen. De beide delen zijn gescheiden door een parkstrook. Een
rood asfaltpad verbindt een driehoekig plein in het oostelijk deel
met de pont die op de punt van het westelijk deel de verbinding
met het centrum verzorgt. Veel aandacht is door OMA aan de
inrichting van het terrein besteed. Er is gebruik gemaakt van
inheemse boomsoorten en typische Hollandse groenelementen
zoals sloten en volkstuinen, sport- en trimvoorzieningen. Naast de

plaats en hoofdvorm van de woongebouwen, die door verschillende architecten zijn uitgewerkt, is ook de kleur van de gevels
door OMA vooraf bepaald. Bij de uitwerking van de projecten op
het IJ-plein zijn zeven architectenbureaus betrokken geweest. Het
meest oostelijke bouwblok, een langgerekt woongebouw met op
de begane grond een opeenstapeling van functies in twee driehoekige volumes en een kleiner parallel blok, is door OMA zelf uitgewerkt. Als laatste blokje van het driehoekige deel fungeert een
aan het eind van een duizend meter lange rozebottelstrook
geplaatst horeca-paviljoen van Budding & Wilken.

▪ With these plans for a housing estate on a former shipbuilding
site the Office for Metropolitan Architecture continues in the tradition of the garden cities nearby, and reacts against an attitude
then prevalent in the Netherlands to urban design in which a 'low-
rise jungle' approach was to inject a feeling of humanity into housing estates. The IJ-plein consists of two neighbourhoods: an
urban section in the west and in the east a village section. In the
former, elongated housing blocks alternate with 'urban villas',
housing blocks scaled to free-standing townhouses such as those
lining the outermost concentric canal ring in Amsterdam. The
triangular eastern section comprises low-rise rows interspersed
with narrow streets and communal gardens. Separating the two
sections is a strip of park. A red asphalt path links a triangular
square in the east with a ferry service from the western extremity
to the town centre. OMA has taken great pains in its arrangements
of elements within the site, deploying indigenous types of tree
and characteristically Dutch landscaping such as ditches and
'volkstuinen' (out-of-town individually-owned garden plots), plus
sports and circuit training facilities. Besides the siting and general
shaping of the housing blocks, which were then elaborated on by
different architects, OMA also stipulated beforehand the colour of
the facades. Both the easternmost elongated block and the school
on the triangular site were wholly designed by OMA. Seven architectural offices were involved in fleshing out the projects. The
easternmost block, an elongated apartment building its ground
floor packing services into three triangular volumes, and a smaller
parallel block, are wholly the work of OMA. The absolute tip of the
triangular section is marked by a café-restaurant by Budding &
Wilken, set at the end of a thousand metre long bed of rose hips.

054 WOONGEBOUW MET VOORZIENINGEN/HOUSING
BLOCK AND FACILITIES
Ketelmakerij
OMA | 1983-1987
R. Koolhaas, K. Christiaanse (proj.)
Architecture d'Aujourdhui 1985-4; B. Leupen - IJ-plein Amsterdam, 1989

In deze woonblokken experimenteert OMA met verschillende ont-
sluitingsmogelijkheden. De woningen in de onderlagen worden
op drie verschillende manieren ontsloten. Op de vierde woonlaag
worden de drie delen door een lange galerij gekoppeld. Onder
het blok zijn twee driehoekige elementen geschoven: een wijkcentrum en een supermarkt. Midden in de open driehoek van het
wijkcentrum is een massief voorzieningenblok geplaatst. Door
middel van schuifwanden kan de ruimte op verschillende manieren worden ingedeeld.

▪ In these housing blocks the Office for Metropolitan Architecture
is experimenting with different means of access. Lower-level units
are entered in three different ways. On the fourth dwelling level
three sections are linked by a long access gallery. Tucked beneath
the block are two triangular elements: a community centre and a
supermarket. In the centre of the open triangle of the community
centre is a massive block of facilities, its space variously subdivisible with sliding partitions.

055 OPENBARE BASISSCHOOL/PRIMARY SCHOOL
Noordwal/Gieterij
OMA/ KINGMA & ROORDA | 1986/1992
B. Leupen - IJ-plein Amsterdam, 1989; de Architect 1993-2

De twee kleine bouwmassa's in de punt van het driehoekige gedeelte vormen samen een school. Het kortste blokje bevat een grotendeels op poten geplaatst gymlokaal, het langere blok bevat negen leslokalen in twee bouwlagen, ontsloten door een gang op een tussenverdieping. Beide volumes zijn verbonden door een verhoogd speelplein, waar zich ook de entree en een halfrond speellokaal bevinden. De school is in drie fases gerealiseerd; de laatste fase in 1992 door de ex-OMA-medewerkers Kingma & Roorda.

∎ Two small masses in the point of the triangular section combine as a school. The shorter of the two contains a gymnasium most of which is on stilts, the longer houses nine classrooms in two layers reached from a corridor at mezzanine level. The two are linked by a raised playground, off which are the entrance and a semicircular playroom. The school was built in three stages, the last in 1992 by former OMA team members Kingma & Roorda.

056 WONINGBOUW/HOUSING
IJ-Plein
H.M.A. VAN MEEER | 1982-1984
de Architect 1984-10; Bouw 1986-17; B. Leupen - IJ-plein Amsterdam, 1989

De woongebouwen bevatten elk achttien woningen, uiteenlopend van een- tot vierkamerwoningen. Een centraal trappenhuis ontsluit de telkens een halve verdieping verspringende woonlagen en komt uit op een gemeenschappelijk dakterras. Door telkens twee tegenover elkaar liggende gevels een gelijke kleur te geven wordt gesuggereerd dat de villa's uit een langgerekte strook zijn 'gesneden'.

∎ These housing blocks each contain eighteen one- to four-rooms dwellings. A central staircase affords access to storeys rising in half-levels and terminates in a communal roof terrace. Giving each pair of opposing facades the same colour serves to suggest that these villas were 'hewn' from one elongated block.

057 WOONGEBOUW/HOUSING BLOCK
Buitendraaierij, Buitenzagerij, Bankwerkerij
DE KAT & PEEK | 1982-1984
K. de Kat (proj.)
de Architect 1984-10; B. Leupen - IJ-plein Amsterdam, 1989

De zes laagbouwstroken bevatten vijfkamermaisonnettes in de onderbouw en, door een galerij ontsloten, tweekamerwoningen op de derde laag. De stroken worden aan de zijde van het driehoekige plein onderling gekoppeld door een transparante balk met galerijflats. De door het stedebouwkundig plan gedicteerde hoekverdraaiing wordt op de koppen van de laagbouwblokken in atelierwoningen verwerkt.

∎ Six low-rise rows contain five-room maisonettes and, reached by an access gallery, two-room dwellings on the second floor. Where they overlook a triangular square these rows are interlinked by a transparent block of gallery flats. The angle of rotation dictated by the urban plan has been assimilated in the heads of the low-rise rows as studio houses.

058 KANTOORGEBOUW/OFFICE BUILDING SHELL
Badhuisweg
A. STAAL | 1971
G. Kemme - Amsterdam architecture: a guide, 1987

Arthur Staal, de zoon van J.F. Staal, is een van de oprichters van Groep 32, de sterk door Le Corbusier beïnvloede groep jonge Amsterdamse architecten die zich in 1932 van de orthodoxe functionalisten rond het tijdschrift De 8 en Opbouw afscheidde. Ook later heeft Staals werk altijd sterk decoratieve tendensen gehad. Zo is deze kantoortoren voor Shell door de diagonale plaatsing en de plastisch vormgegeven pilotis van onderbouw en bekroning een markant element in het stadsbeeld rond de IJ-oevers.

■ Arthur Staal, son of J.F. Staal, was a founder member of Groep 32, the group of Amsterdam architects strongly influenced by Le Corbusier who in 1932 broke away from the orthodox functionalists centred around the magazine De 8 en Opbouw. Staal's work continued to exhibit heavily decorative tendencies. With its oblique alignment, sculptural pilotis and cornice, this Shell office building is a prominent feature of the city around the banks of the IJ.

059 POLYMERENCENTRUM/POLYMER CENTRE
Badhuisweg 3
M.E. ZWARTS | 1972-1975
van Zanten ri (ren. 1994)
Bouw 1976 p.685; AB 1995-4

Bij het ontwerp van dit laboratoriumcomplex is uitgegaan van een hoge mate van flexibiliteit ten aanzien van ruimte-indeling en voorzieningen. Het complex bestaat uit een U-vormig laboratoriumblok met een dubbelhoge middenzone en een blok in vier lagen met kleinere laboratoria. De draagconstructie bestaat uit dubbele betonschijven aan de buitenzijde met luchtkanalen daartussen en stalen raatliggers in het dak. De gevels zijn opgebouwd uit uitwisselbare panelen tussen aluminium stijlen. Bij renovatie van de gevel koos men niet voor Zwarts' vernieuwende ontwerp met eigentijdse gezeefdrukte glazen panelen maar, paradoxaal genoeg, voor reconstructie van het oorspronkelijke beeld.

■ The design for this laboratory complex is based on a high degree of flexibility in its spatial subdivision and facilities. It comprises a U-shaped laboratory block with a double-height central zone and a four-level block of smaller laboratories. Its loadbearing structure is built up of double concrete piers on the outer face with air shafts in-between, and steel honeycomb girders in the roof. Facades consist of interchangeable panels between aluminium posts. When the facade was renovated Zwarts's own renewed design of up-to-date silkscreened glass panels, paradoxically enough, was passed over in favour of reconstructing the original exterior.

060 EUROTWIN BUSINESS CENTRE
Papaverweg/Koorenaarstraat
CLAUS & KAAN | 1992-1993
de Architect 1995-2; Werk/Bauen+Wohnen 1995-4; M. Kloos - Amsterdam Architecture 1991-93, 1994

Twee bedrijfsverzamelgebouwtjes zijn gerealiseerd in een voormalig havengebied. Zij bestaan uit een kantoorgedeelte van vijf lagen en een laagbouw met werkplaatsen; er is een gezamenlijke lobby. De kantoortorentjes zorgen voor een stedebouwkundig accent. Beide gebouwen zijn bekleed met houten delen, de hoogbouw verticaal en de laagbouw horizontaal. Raampartijen zijn zorgvuldig en zo vlak mogelijk in de gevel aangebracht. De individualiteit van de huurder is ondergeschikt gemaakt aan de collectiviteit van het complex.

■ Set in what were once docklands is this pair of mixed-use buildings, a lowrise block of workshops and five storeys of offices, with a lobby serving both. The turrets of the office block are in themselves an urban landmark. Both buildings are timber-clad, the highrise vertically, the lowrise horizontally. Fenestration is carefully placed and set flush into the facade. The design subordinates the individuality of the hirer to the collective nature of the ensemble.

061 WONINGBOUW, STEDEBOUW/HOUSING, URBAN DESIGN BUIKSLOTERMEER

Het Hoogt, Het Laagt, Benedenlangs, Bovenover, Het Breed

F.J. VAN GOOL | 1963-1966

Bouw 1963 p.1162; Stedebouw & Volkshuisvesting 1966 p.251; Bouwkundig Weekblad 1969 p.140

Om een anoniem en stedelijk karakter te verkrijgen is de woonwijk uitgevoerd in gesloten bouwblokken van gelijke hoogte. Ontsluiting van de woningen geschiedt vanaf de begane grond voor de eerste twee lagen, en voor de bovenste drie lagen vanaf een woonstraat op de derde verdieping. De architectuur wordt gedomineerd door de 1,40 m. brede prefab betonelementen. Een vrolijk accent zijn de stalen loopbruggen, oorspronkelijk ontworpen als voetgangersslurven voor vliegvelden.

∎ To create an anonymous, urban character this housing estate was laid out in perimeter blocks of equal height. Access to dwellings on the two lower levels is via the ground floor, to those on the upper three from a 'street in the air' on the third floor. Dominating the architecture are prefabricated concrete elements 1.40 m. wide. Steel bridges, originally designed for an airport, add a playful note.

062 WONINGBOUW/HOUSING

Bezaanjachtplein

BOSCH, HASCHLETT & KRUNNENBERG | 1991-1993

de Architect 1994-10; M. Kloos - Amsterdam Architecture 1991-93, 1994

Drie jonge architecten, die elkaar hebben leren kennen op het bureau van Richard Meier in New York, hebben hun winnende ontwerp voor de prijsvraag 'Anders Bouwen, Anders Wonen' gebaseerd op een zo groot mogelijke flexibiliteit van de woning. 28 woningen zijn in de vorm van gestapelde smalle maisonnettes tot een bouwblok samengevoegd. Door de verdiepingsvloer korter te maken zijn aan beide gevels vides gecreëerd. In het hart van de woning bevinden zich de trappen, de keuken en de natte cel, de enige afgesloten ruimte. De houten gevels vormen een neutraal raster.

∎ Three young architects who met at Richard Meier's office, made maximum dwelling flexibility the credo of their winning entry to the competition whose title translates as 'Build differently, dwell differently'. The design stacks 28 narrow maisonettes together in a block, their upper storeys curtailed to carve out voids on both facades. In the very heart of each maisonette are the stairs, the kitchen and the washroom, the one enclosed space. The timber facades present a neutral grid.

063 TUINDORP/GARDEN VILLAGE OOSTZAAN

Zonneplein e.o.

B.T BOEYINGA (GEMEENTELIJKE WONINGDIENST) | 1922-1924

Wonen-TA/BK 1973-14, 1976-13; M. Casciato - Architektuur en Volkshuisvesting, Nederland 1870-1940, 1980

Oostzaan is één van de tuindorpen die zijn gebouwd op initiatief van ir. A. Keppler, directeur van de Amsterdamse Woningdienst van 1915 tot 1937. De 1300 noodwoningen zijn gerangschikt langs straten en pleinen die, zoals vaak bij tuindorpen, volgens geometrische patronen zijn geordend. Karakteristiek voor de wijk zijn de houten poorten die tussen de stenen woningblokken zijn gespannen. De wijk bevat vele voorzieningen zoals scholen, winkels, een leeszaal en een badhuis.

∎ Oostzaan is just one garden village built on the initiative of ir. A. Keppler, director of the Amsterdam Municipal Housing Agency from 1915 to 1937. The 1300 temporary dwellings flank streets and squares arranged, as often in garden villages, in geometrical patterns. Characteristic of this district are the timber portals spanned between the brick housing blocks. The district has ample facilities such as schools, shops, a library and public baths.

064 WONINGBOUW/HOUSING TWISKE-WEST
Nesserhoek/Coehornerhoek/Schelvischhoofd
L. VAN DER POL | 1991-1993
*AB 1993-4; H. Zeinstra - Liesbeth van der Pol, architect, 1993; M. Kloos -
Amsterdam Architecture 1991-93, 1994; Architectuur in Nederland.
Jaarboek 1993-1994; Archis 1994-6*

Twee eilanden in het waterrijke Twiske-West zijn bebouwd met
212 huurwoningen, verdeeld over langwerpige woonhoven en
ronde urban villa's, zgn. trommels. De ronde trommels bevatten
rond een kern zeven woningen die per verdieping een cirkelseg-
ment opschuiven. Hierdoor beslaat elke woning een cirkelseg-
ment van 154 graden en is een behoorlijke bezonning gewaarborgd. De spiraalvormige opbouw is aanleiding om in de gevel de
ramen te laten verspringen en de houten delen diagonaal te
bevestigen. De parabolische dakvorm van de bovenwoningen is
afgeleid van de vorm van de nabijgelegen geluidsschermen.
▪ On two islands in well-watered Twiske-West now stand 212
rented homes divided among elongated courts and circular urban
villas or 'drums'. The latter range around a core seven units that
shift one segment of the circle with each of their three storeys.
This wraps each dwelling around a segment of 154 degrees ensuring ample sunlighting. The staggering of windows and the diagonal weatherboarding was prompted by this spiral configuration.
Parabolas in the roofs of the 'court-houses' echo the shape of the
noise baffles nearby.

065 WONINGBOUW/APARTMENT BUILDING DE LIEFDE
Da Costakade/Bilderdijkstraat
CH. VANDENHOVE | 1988-1993
Daniel Buren (b.k.)
de Architect 1992-11; Architectuur in Nederland. Jaarboek 1993-1994

Op de plek van de neogotische kerk De Liefde verrees dit complex woningen waarin ook een kleine kapel en een jeugdcentrum
zijn opgenomen. De woningen, gebouwd rond een door twee
poorten openbaar toegankelijk hofje, zijn in het voor Vandenhove
karakteristieke, verzorgde neoclassicistische idioom uitgevoerd.
In de context van de negentiende-eeuwse woonwijken doet dit
geenszins anachronistisch aan.
▪ On the site of the Neo-Gothic Church of that name now stands
this residential complex also including a small chapel and youth
centre. The houses, ranged about a modest courtyard publicly
accessible through two gateways, are in the sensitive Neo-
Classical idiom typical of Vandenhove. Though set amidst nineteenth-century housing the effect is anything but anachronistic.

066 UITBREIDING LETTERGIETERIJ/EXTENSION TYPE-
FOUNDRY V/H TETTERODE
Da Costakade/Kinkerstraat
MERKELBACH & ELLING | 1949-1950
Forum 1953 p.62

Hoewel de gevel is opgebouwd uit horizontale stroken (borstwe-
ringen en ramen) is er door de verticale accenten, de goede
hoofdafmetingen van het totaal en door de opbouw met afwijkend
basement en teruggliggende topverdieping (kantine), een geslaag-
de en moderne inpassing in een grachtenwand gerealiseerd. Het
complex beslaat ook enkele bestaande panden en vult op de
begane grond het gehele kavel. De standaardwerkvloeren aan de
gracht hebben een betonnen spantconstructie, bekroond met een
stalen opbouw. Nadat het complex lange tijd gekraakt is geweest
is het nu tot wooneenheden verbouwd. Delen van het interieur
zijn verplaatst naar andere gebouwen.
▪ Despite the facade being built up of horizontal strips of wall and
window it is more a combination of the verticals, the well-founded
principal measurements of the whole, and the layout with its
digressing foundations and set-back steel crown (the canteen)
which makes this type foundry building a successful, modern infill
in a wall of canal houses. The block also occupies some existing
premises and at ground level covers the entire site. Standard
workshop floors on the canal side have a concrete truss structure.
After being home to squatters for some time, the complex was
converted into flats. Parts of the interior have been moved to other
buildings.

067 KINDERDAGVERBLIJF/DAY NURSERY BORGHEEM,
WONINGBOUW/HOUSING
Borgerstraat/Nicolaas Beetsstraat 82
SJ. SOETERS | 1980-1983
Bouw 1984-12; de Architect 1983-9; Architectural Review 1985-1;
H. Ibelings - Sjoerd Soeters, architect, 1996

Het complex bestaat uit een vrijstaand 'baby-tempeltje' en een
hoofdblok met op de eerste twee lagen een kinderdagverblijf en
daarboven woningen. De architectuur wordt bepaald door een
complex en veelkleurig spel met materiaal en ruimte. De woningen worden vanuit een middencorridor op de derde verdieping
ontsloten. Slaapkamers en de eetkamer bevinden zich per woning
afwisselend op de tweede en vierde verdieping, een oplossing
analoog aan de Unité d'Habitation van Le Corbusier.
▮ This complex comprises a free-standing 'baby-temple' and a
main block with a two-level day nursery and a further three levels
of housing. Its architecture is governed by an intricate, multi-
coloured play of material and space. Dwellings are reached from a
central corridor on the third storey. Bedrooms and dining rooms
alternate per dwelling between second and fourth floors, a solution similar to that of Le Corbusier's Unité d'Habitation.

068 POLITIEBUREAU, WONINGBOUW/POLICE
STATION, HOUSING
Tweede Constantijn Huygensstraat
DJV | 1991-1993
T. Venhoeven (proj.)
de Architect 1993-10; Archis 1994-5; M. Kloos - Amsterdam Architecture
1991-93, 1994

Het ontwerp is een verlaat gevolg van de Biënnale Jonge
Architecten 1987 met als thema 'huisvesting van ouderen in de
stad.' Het complex bevat behalve 45 seniorenwoningen ook een
politiebureau op de begane grond. In de verticale doorsnede
vormt de teruggelegen begane grond een plint, terwijl de twee
bovenste lagen als dakopbouw zijn uitgevoerd. De woningen
ertussen zijn voorzien van gevelbrede serres. De woningen zijn
flexibel indeelbaar en aangepast aan gehandicapten. Voor het
interieur van het politiebureau heeft Venhoeven samengewerkt
met beeldend kunstenaar Aernout Mik, hetgeen in de entreehal
heeft geresulteerd in enkele vervreemdende enscineringen.
▮ The design, a late sequel to the Young Architects Biennale of
1987 whose theme was 'housing the elderly in the city', combines
45 old-age dwellings with a police station on the ground floor.
Seen in section the setback ground floor is a plinth and the two
uppermost floors a roof structure. The dwellings in-between,
which boast full-width sun lounges, are flexibly subdivisible and
modified to suit the handicapped. Venhoeven's collaboration on
the interior with the artist Aernout Mik has spawned a 'grotesque'
environment in the entrance lobby.

069 PUBLIEKE WERKEN/PUBLIC WORKS OFFICE
Overtoom 37-41
P.L. MARNETTE | 1924
Moderne Bouwkunst in Nederland, deel 10, 1941

Bij de Dienst der Publieke Werken, verantwoordelijk voor gebouwen voor gemeentelijke diensten, scholen, badhuizen, bruggen
en straatmeubilair komt na de Eerste Wereldoorlog door P. Kramer
en P.L. Marnette de Amsterdamse Schoolarchitectuur in zwang.
Het voormalige Bureau Verkeerswezen heeft een golvende bakstenen gevel, voorzien van twee horizontale raamstroken op een
natuurstenen onderbouw. Aan de Stadhouderskade 1 bevindt
zich het, eveneens door Marnette ontworpen, fraai gedetailleerde
voormalige Administratiegebouw van de Gemeentetram.
▮ P. Kramer and P.L. Marnette, two architects of the Amsterdam
School which came into vogue after World War I, made designs
for Public Works, the agency responsible for buildings for municipal services, schools, bathhouses, bridges and street furniture.
The former Traffic Agency building has a rippling brick facade
pierced by two horizontal window bands on a stone base. At
Stadhouderskade 1 is the finely detailed former Administration
Building for the city's trams, also by Marnette.

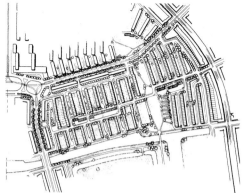

070 WONINGBOUW, STEDEBOUW/HOUSING, URBAN
DESIGN LANDLUST
Willem de Zwijgerlaan, Karel Doormanstraat
MERKELBACH & KARSTEN | 1932-1937
Gulden & Geldmaker, B. Merkelbach, G. Versteeg,
P. Vorkink (medew.)
*De 8 en Opbouw 1933 p.165, 1937 p.156; Bouwkundig Weekblad 1938
p.373*

Een oorspronkelijk verkavelingsplan met gesloten bouwblokken
wordt met steun van ir. A. Keppler, directeur van de Woningdienst, gewijzigd in open bebouwing: strokenbouw met laag-
bouwwinkels aan de noordzijde, maar wel met tweezijdig
bebouwde straten en gemeenschappelijke tuinen. Hoewel de
constructie traditioneel is, en er door de oriëntatie op de straat
eigenlijk eerder sprake is van opengemaakte gesloten bouwblokken, betekent dit project toch de definitieve doorbraak van de
strokenbouw voor de Amsterdamse stadsuitbreidingen.
∎ An initial layout of perimeter blocks was with the support of ir.
A. Keppler, director of the Municipal Housing Agency, modified to
a combination of open row housing with low-rise shops on the
north side, streets built up on both sides, and communal gardens.
Though the structure is traditional and orientation to the street
makes one speak sooner of closed blocks that have been opened
up, this project nevertheless signifies the definitive breakthrough
of row housing in Amsterdam's overspill development.

071 WONINGBOW, STEDEBOUW/HOUSING, URBAN
DESIGN BOSCH EN LOMMER
Bos en Lommerweg e.o.
DIENST STADSONTWIKKELING | 1935-1940
B. Merkelbach, M.A. Stam (medew.)
De 8 en Opbouw 1939 p.251; B. Rebel - Het Nieuwe Bouwen, 1983

Deze uitbreidingswijk is een eerste invulling van het AUP
(Algemeen Uitbreidings Plan, 1934-1939) van C. van Eesteren,
waarbij de stedebouw op analytische wijze wordt bedreven. Aan
deze eerste integrale realisatie van een strokenbouwwijk wordt
aanvankelijk meegewerkt door Merkelbach en Stam. Als blijkt dat
het hier in feite handelt om traditionele woningtypen (smal en
diep) in te smalle straten, een gevolg van de machtspositie van
enkele met politici gelieerde bouwbedrijven, zeggen zij hun
medewerking op.
∎ This development area was the initial step of the Algemeen
Uitbreidings Plan ('General Development Plan', 1934-1939) mas-
terminded by C. van Eesteren, in which urban design was subjected to analytical scrutiny. This first integral realization of a district
of row housing began in collaboration with Merkelbach and Stam.
When it became a question of squeezing traditional dwelling
types (both narrow and deep) into insufficiently wide streets (as
dictated by a few over-powerful, politically backed building companies) they with-drew their services.

072 UITBREIDING LINMIJ WASSERIJEN/EXTENSION OF
A LAUNDRY
Molenwerf 2
H. HERTZBERGER | 1963-1964
*Bouwkundig Weekblad 1966 p.60; Architecture d'Aujourdhui 1967-sep;
Werk 1966 p.433; Architecture+Urbanisme 1977-3; W. Reinink - Herman
Hertzberger, architect, 1991*

De uitbreiding van deze wasserij bestaat uit een aantal autonome
units, geschikt voor verschillende functies en met een sterke
eigen identiteit. Hierdoor zou het gebouw, dat in een aantal fases
zou worden uitgebreid, in elk stadium van de uitbreiding een eenheid blijven. Zowel in materiaalgebruik (B 2-blokken, glazen
bouwstenen), constructie (betonelementen), als opzet (een her-
haalbare, multifunctionele geometrische eenheid) is het gebouw
een prototype voor de latere architectuur van Hertzberger.
∎ This extension of a laundry introduced a number of autonomous
units suitable for different functions and each with a strong identi-
ty. This ensured an overall unity at each stage of the phased pro-
gramme. In material (concrete block and glass brick), structure
(concrete elements) and layout (a repeatable, multi-function geometric unit), the building is a prototype for Hertzberger's later
achievements.

073 STATION SLOTERDIJK
Radarweg/Spaarnwouderweg
H.C.H. REIJNDERS | 1983-1986
Bouwen met Staal 1985-73; AB 1985-2, 1986-9; Architecture+Urbanisme 1987-9; Deutsche Bauzeitung 1988-11

Sinds Breda (1975) en Zaanstad (1983) worden voor de overkapping van grotere stations ruimtevakwerkconstructies toegepast. Het belangrijke overstapstation Sloterdijk is een recent voorbeeld van deze ontwikkeling. De vakwerkconstructie is als een tafel (50 x 65 m.) over twee ongelijkvloers kruisende spoorlijnen geplaatst. Tussen beide spoorlijnen bevinden zich een platform ten behoeve van trams en bussen en een hoger gelegen publiekshal. De bovenste spoorbaan is over een lengte van 150 m. voorzien van een transparante boogoverkapping.

∎ Since Breda (1975) and Zaanstad (1983) larger railway stations have been given a space frame roof. The major junction at Amsterdam Sloterdijk is a recent example of this development. The space frame structure lies like a table of 50 x 65 m. across two railway lines that intersect at different levels. Between them is a platform for trams and buses and higher up a station hall. The upper railway line is sheltered for 150 m. of its length by a transparent 'tube'.

074 GEMAAL/PUMPING STATION HALFWEG
Wethouder van Essenweg
D. SLEBOS | 1977
DHV (inst.)
de Architect 1978-3

Dubbele betonnen schijfkolommen en afzonderlijke schuine kappen benadrukken de plaats van drie schroefvijzels met hun aandrijfkasten en motoren. De bedieningsruimtes bevinden zich boven de vijzels. Voorover hellende ramen bieden een goed uitzicht op de watertoevoer. In twee gekoppelde achthoekige gebouwdelen zijn het ketelhuis, personeelsruimtes en een vergaderkamer ondergebracht. Het terrein wordt afgesloten door twee rechthoekige blokken met dienstruimtes en woningen.

∎ Double concrete piers and separate gable roofs emphasize the position of the three screw jacks with their drive-boxes and motors. The service rooms are situated above the screw jacks. Windows inclined forward offer a clear view of the flow of water. In two linked octagonal volumes are the boilerhouse, staff quarters and a meeting room. The site is sealed off by two rectangular blocks of maintenance facilities and living quarters.

075 OPSTANDINGSKERK/CHURCH
Bos en Lommerplein
M.F. DUINTJER | 1956
Bouw 1957 p.490; Forum 1957 p.22; P. Pennink e.a. - Marius Duintjer, architect, 1986

De Opstandingskerk heeft vanwege zijn karakteristieke vorm de bijnaam 'Kolenkit.' De onbestemde stedebouwkundige situatie heeft geleid tot een sterk autonoom object, een merkteken in een indifferente woonwijk. Licht is het centrale thema in de kerken van Duintjer. Het licht valt hier naar binnen door hoge overhoeks geplaatste vensters die steeds anders zijn georiënteerd waardoor in het interieur een verrassend lichtspel ontstaat. Het complex bestaat behalve uit de kerkruimte en de toren nog uit een pastorie en een wijkcentrum.

∎ Set in an otherwise unallocated site, this church, nicknamed the 'coal scuttle' because of its shape, is very much a law unto itself, a landmark amidst indifferent housing. Light, the primary theme in Duintjer's churches, enters this one through high diagonal windows whose variety of angles makes for a disarming play of light below. A vicarage and shopping centre complete the ensemble.

076 WOONGEBOUW/HOUSING BLOCK

Harry Koningsbergerstraat

J.C. RIETVELD | 1956

P.R. Bloemsma (constr.)

Forum 1980-2; P. Salomons, S. Doorman - Jan Rietveld, architect, 1990

Dit woongebouw bevat 44 tweekamerwoningen aan de uiteinden van het gebouw en 83 eenkamerwoningen die worden ontsloten door interne corridors. In de onderbouw bevinden zich bergingen en collectieve voorzieningen. De plattegronden en de gevels zijn ontworpen op een maatraster van 1 x 1 m.

∎ This housing block contains 44 two-room dwelling units located in its extremities and 83 one-room units, all reached off internal corridors. Below are storage spaces and communal facilities. Both plan and facades use a grid of 1 x 1 m.

077 BEJAARDENWONINGEN/OLD-AGE DWELLINGS

J. Bottemastraat, F. v.d. Laakenstraat, G. Trestorffstraat

A.E. VAN EYCK, J.C. RIETVELD | 1951-1954

Forum 1956 p.130, 1980-2; Werk 1959 p.18; Aldo van Eyck, projekten 1948-1961, 1981; P. Salomons, S. Doorman - Jan Rietveld, architect, 1990

Om de 'hinderlijke schaalverkleining' bij de groepering van bejaardenwoningen te vermijden werd afgeweken van het bebouwingsschema van Publieke Werken. De woningblokken vormen twee in elkaar vloeiende ruimtes, een groene (gazon) en een steenachtige ruimte (betegeld plein met banken). De architecten hebben getracht een evenwicht te vinden tussen het opene en geslotene, tussen individuele en gemeenschappelijke ruimte, een 'noodzakelijk in-elkaar-grijpen van architectuur en stedebouw'.

∎ To avoid any 'inconvenient reduction in scale' in grouping these old-age dwellings meant deviating from the Public Works development scheme. Blocks of houses outline two spaces, one green, the other paved and with benches, which flow into one another. The architects have endeavoured to strike a balance between open and closed, individual and communal space, a 'necessary interlocking of architecture and urban planning'.

078 WONINGBOUW/HOUSING

Willem Dreesplantsoen

DUINKER VAN DER TORRE DUVEKOT; R.H.M UYTEN-HAAK | 1989-1991

André Volten, Geert Vos (b.k.)

de Architect 1991-11

Op een voormalig sportcomplex in Geuzenveld-West is een woonwijk met hoge dichtheid gerealiseerd. De ruggegraat van het plan wordt gevormd door een verkeersvrije centrale groenstrook die fungeert als symmetrieas. Dit gedeelte is ontworpen door Duinker Van der Torre Duvekot. Een bijzonder detail in het straatbeeld zijn de luifels van Friso Kramer. Twee gebogen blokken vormen de overgang naar de 72 patiowoningen van Uytenhaak. Vier woningen zijn rond een gezamenlijke patio gegroepeerd. Doordat de 900 woningen alle in dezelfde verblendsteen zijn uitgevoerd is in de wijk een grote eenheid betracht.

∎ Standing on a former sports complex in the Amsterdam district of Geuzenveld-West is this high-density residential estate. The backbone of the plan is a traffic-free central belt of green functioning as symmetry axis. This section was designed by the firm of Duinker Van der Torre Duvekot, with awnings by Friso Kramer a dominant feature of the streetscape. Two curved blocks mediate between it and 72 patio houses by Rudy Uytenhaak grouped in fours around a shared courtyard. All 900 houses have the same smooth brick facing to give the district a great sense of unity.

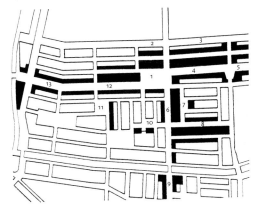

079 WONINGBOUW, STEDEBOUW/HOUSING, URBAN DESIGN PLAN WEST

Mercatorplein e.o.

J. GRATAMA, G. VERSTEEG, A.R. HULSHOFF |
1922-1927

Het Bouwbedrijf 1924 p.246, 1925 p.21; Wendingen 1927-6/7

1. H.P. Berlage; ²¹ . C.J. Blaauw; **3.** M. Staal-Kropholler; **4.** H.Th. Wijdeveld; **5.** J.M. van der Mey; **6.** J.F. Staal; **7.** F.B. Jantzen Gzn.; **8.** J. Roodenburgh; **9.** J.M. van der Mey; **10.** Heineke & Kuipers; **11.** C.F.G. Peters; **12.** G.J. Rutgers; **13.** P.L. Kramer

Dit project voor 6.000 woningen is op particulier initiatief ontwikkeld. Op basis van standaardplattegronden en een uniforme betonnen draagconstructie ontwerpen 16 architecten in hoofdzaak gevels. Daar baksteen voorgeschreven is zijn hier vele hoogstandjes van Amsterdamse Schoolarchitectuur te zien. Een 'Commissie van Drie' (twee architecten en het Hoofd Publieke Werken) heeft de supervisie over architectuur en stedebouw zodat de gewenste eenheid van deze stadswijk gewaarborgd is.

■ This development of 6,000 dwellings was brought about by private enterprise. Using standard plans and a uniform concrete loadbearing structure 16 architects made designs consisting largely of facades. As brick was the prescribed material many masterpieces of Amsterdam School architecture are to be found here. A 'Committee of Three' (two architects and the head of Public Works) supervised both architecture and urban design, guaranteeing the desired unity of this urban district.

080 WONINGBOUW, WINKELS/HOUSING, SHOPS

Mercatorplein e.o.

H.P. BERLAGE | 1925-1927

J. van Kampen, W. Patijn (uitbr.)

Nederlands Kunsthistorisch Jaarboek 1974, H.P. Berlage; R. Geurtsen, M. van Rooy - Een gat in de ruimte, 1991

Berlages stedebouwkundige opzet voor het Mercatorplein omhelst een zgn. turbineplein: de Hoofdweg wordt onderbroken als doorgaande weg, zorgvuldig vormgegeven met poortgebouwen en (oorspronkelijk) twee torens. Hoewel de gevels van de woningen een lichte knieval doen voor de plastische Amsterdamse Schoolarchitectuur, overheerst de soliditeit van pleinwanden, poorten en bijna middeleeuwse toren(s). Bij een omvangrijk renovatieplan voor het complex wordt het plein heringericht en de tweede in 1961 gesloopte toren herbouwd.

■ Berlage's planned layout for Mercatorplein is ranged round a 'turbine square'. The Hoofdweg as thoroughfare was split into two, studiously modelled with portals and originally accentuated by two towers. While the housing frontage pays passing homage to the plastic architecture of the Amsterdam School, what predominates is the massiveness of the square's walls, portals and almost medieval tower(s). A comprehensive renovation plan includes redesigning the square and rebuilding the second tower demolished in 1961.

081 WONINGBOUW/HOUSING

Hoofdweg

H.TH. WIJDEVELD | 1923-1926

Wendingen 1927-6/7

Wijdeveld, die in 1986 zijn honderdste verjaardag vierde (ter gelegenheid hiervan verscheen het boek Mijn Eerste Eeuw), heeft in de kolommen van zijn uiterst verzorgde tijdschrift Wendingen de Amsterdamse School vooral in de beginjaren uitgebreid ondersteund. Zijn eigen werk is veel soberder dan de soms grillige uitingen van deze architectuurstroming. Uit het ontwerp voor deze twee straatwanden blijkt zijn voorliefde voor het grote gebaar en repetitie van gelijke elementen.

■ Wijdeveld, who in 1986 celebrated his hundredth birthday (also by way of a book entitled 'My First Century'), gave extensive support in the columns of his well-groomed periodical Wendingen to the Amsterdam School, especially during their early years. Much more restrained than their often capricious utterances, however, is his own work. In the design for these two walls of housing can be seen his special preference for grand statements and repeated identical elements.

082 WONINGBOUW/HOUSING
Hoofddorpplein
J.M. VAN DER MEY, J.J.B. FRANSWA | 1928-1930
Het Bouwbedrijf 1932 p.17

Het Hoofddorpplein vormt de stedebouwkundige aanzet tot de particuliere bouw in de omgeving. Van der Mey heeft alleen de gevels van het plein ontworpen. Alle wanden zijn verschillend behandeld waarbij de rangschikking van de ramen een telkens wisselend horizontaal accent geeft. Deze horizontale lijnen worden in balans gehouden door ranke verticale accenten die eveneens per gevel verschillend zijn vormgegeven. In het verlengde van de Hoofddorpweg was in de westwand van het plein een inmiddels afgebroken slanke klokkentoren opgenomen.

■ Hoofddorpplein acted as a springboard for private building in that area. Van der Mey was responsible only for this square's facades, each being treated differently, the resulting arrangement of windows providing a constantly shifting horizontal emphasis. These horizontal lines are kept in check by slender verticals which also vary in form per facade. In the square's west wall looking along Hoofddorpweg there used to be a sleek bell-tower (now demolished).

083 WOONGEBOUWEN/HOUSING BLOCKS
WILHELMINAPLEIN
Koningin Wilhelminaplein
F.J. VAN DONGEN; K. DE KAT; R.H.M. UYTENHAAK | 1988-1991
Archis 1993-8; de Architect 1993-8; M. Kloos - Amsterdam Architecture 1991-93, 1994

Op basis van een masterplan van de gemeente uit 1988 zijn door een drietal architecten woningbouwprojecten gerealiseerd: een vijftal woontorens van Frits van Dongen, een drietal schijfvormige woongebouwen van Kees de Kat en drie urban villa's van tien lagen hoog van Rudy Uytenhaak. Door zijn torens op te bouwen uit vier hoektorens met een eigen kleur heeft Van Dongen getracht plompheid te voorkomen. De schijven zijn diagonaal geplaatst zodat alle woningen uitzicht op het groengebied hebben. De urban villa's richten zich door de hoekverdraaiing van de gevels ten opzichte van de orthogonale bouwstructuur zowel op de torens als op de schijven.

■ These three housing projects, a quintet of residential tower blocks by Frits van Dongen, three slabs of apartments by Kees de Kat and a trio of ten-storey 'urban villas' by Rudy Uytenhaak, have their roots in a masterplan drawn up by the council in 1988. Van Dongen has tried to avoid chubbiness by erecting his blocks out of four corner towers in different colours. The slabs are set obliquely so that all units look out onto the adjoining green space. Finally, the facades of the urban villas are rotated away from the orthogonal structure to face towers and slabs alike.

084 ZAAGTANDWONINGEN/SAWTOOTH DWELLINGS
Ward Bingleystraat/Andries Snoekstraat e.o.
F.J. VAN GOOL | 1959-1960
Goed Wonen 1959 p.257; Bouw 1959 p.1164, 1964 p.138; Werk 1963 p.26

Deze wijk van 299 woningen in twee lagen voor kleine gezinnen is opgebouwd uit haakvormige bouwblokken die twee aan twee een groen binnenhof omsluiten. De gehele wijk is opgebouwd uit één woningtype met als belangrijkste kenmerk de geknikte gevel die de straatwanden het karakteristieke zaagtanduiterlijk bezorgt. Hierdoor werd de gevellengte van de 4,22 m. brede woning verlengd en ontstond aan de straatzijde ruimte voor zowel de keuken als een portiekje met de hoofdentree en de toegang tot een inpandige berging.

■ This estate of 299 two-storey dwellings for small families is constructed of L-shaped blocks which in pairs enfold a green interior courtyard. The estate as a whole is built up from a single dwelling type whose principal hallmark is a staggered streetside facade providing the distinctive sawtooth appearance. This arrangement enabled the front facade of the 4,22 m. wide units to be extended, and created space on the street side for both the kitchen and a porch containing the main entrance and access to an internal storage space.

085 VERZORGINGSCOMPLEX/NURSING HOME DE DRIE HOVEN
Louis Chrispijnstraat 50
H. HERTZBERGER | 1971-1975
Bouw 1976 p. 207; Architectural Review 1976-feb; Bauen+Wohnen 1976-1; Domus 1977-apr

Dit complex voor geestelijk en lichamelijk gehandicapte bejaarden bevat woningen, een verzorgingshuis en een verpleeghuis. Vier vleugels met wooneenheden zijn gekoppeld door een grote centrale ontmoetingsruimte. Het principe van 'de ontmoeting' bepaalt de indeling van gangen ('binnenstraten'), verbredingen ('pleinen') en ontmoetingsruimte ('dorpsplein'). Het bouwsysteem van prefab betonelementen en variabele puien biedt de bewoners mogelijkheden hun eigen identiteit toe te voegen.
∎ This old-age block for the mentally and physically handicapped consists of housing, a convalescent home and a nursing home. Four wings of dwelling units join in a large central encounter area. The 'encounter' principle specifies the layout of corridors ('inner streets'), widenings ('squares') and encounter area ('village square'). The system of prefabricated concrete elements and variable lower fronts allows occupants to inject something of their own personality.

086 WONINGBOUW/HOUSING SLOTERHOF
Comeniusstraat
J.F. BERGHOEF | 1955-1960

Een voorbeeld van een Delftse Schoolarchitect die gebruik moest maken van moderne industriële woningbouwtechnieken, in dit geval het Airey-systeem. Het hoge blok is over het water geplaatst en bevat een onderhuis met bergingen, een galerij met kleinere woningen en drie galerijen met maisonettes. Doordat de galerijen afwisselend een onder- en een bovenwoning ontsluiten ontstaat in de gevel een duidelijke ordening.
∎ An example of a Delft School architect using modern industrial housing techniques, in this case the 'Airey' system. Straddling the water, this high-rise block comprises a basement with storage areas, one access gallery serving smaller dwelling units and three serving maisonettes. The alternation of access levels makes for a distinctive facade.

087 FIETSENSTALLING/CYCLE SHED
Pieter Calandlaan/Meer en Vaart
J. GRIFFIOEN | 1991-1993
Bouw 1993-11; M. Kloos - Amsterdam Architecture 1991-93, 1994

'Een fietsenstalling is een bouwwerk. Bijna alles, wat zoveel ruimte insluit, dat een mens zich er in bewegen kan is een bouwwerk; de term architectuur slaat alleen op bouwwerken die door de ontwerper ook als esthetisch aantrekkelijk zijn bedoeld.' Deze transparante fietsenberging in drie lagen bij een studentenflat geeft een nieuwe dimensie aan deze stelling, waarmee Nikolaus Pevsner zijn Geschiedenis van de Europese Architectuur begint. Het geheel in staal uitgevoerde gebouw is afgedekt met een gebogen stalen dak en een kunststof kap. Het verticaal transport geschiedt door middel van flauw hellende brede trappen voorzien van geleiders.
∎ 'A bicycle shed is a building. Nearly everything that encloses space on a scale sufficient for a human being to move in is a building; the term architecture applies only to buildings designed with a view to aesthetic appeal.' This transparent three-storey cycle shed serving student flats gives this statement (the opening words of Nikolaus Pevsner's History of European Architecture) a new dimension. The all-steel building wears a curved steel cap with a plastic peak. Vertical circulation is along broad, gently sloping stairs provided with bicycle wheel-sized channels.

088 HANGBRUGMAISONNETTES/SUSPENSION BRIDGE MAISONETTES
Dijkgraafplein
J.P. KLOOS | 1964-1970
Plan 1970 p.99

Het woningcomplex met hangbruggen is gebaseerd op een prijs-vraaginzending voor experimentele woningbouw uit 1962. Per buitentrap worden vier maisonnettes ontsloten waardoor slechts één buitengalerij per vier verdiepingen nodig is. Deze is gedimensioneerd als trottoir en beschut door glaswanden en dak. Deze oplossing levert een letterlijk constructivistische architectuur op.
▪ This housing with suspension bridges is based on a 1962 experimental housing competition entry. As four maisonettes share an outside stair, four storeys can be served by a single access gallery with the dimensions of a sidewalk, glazed walls and a roof. The result is a truly Constructivist architecture.

089 NATIONAAL LUCHTVAART LABORATORIUM/
NATIONAL AVIATION LABORATORY
A. Fokkerweg 2
W. VAN TIJEN, H.A. MAASKANT | 1938-1941
De 8 en Opbouw 1941 p.131; Bouwkundig Weekblad 1946 p.64; Bouw 1948 p.214; T. Idsinga, J. Schilt - Architect Van Tijen 1894-1974, 1987

In het NLL worden vraagstukken bestudeerd die zich bij de luchtvaart en vliegtuigbouw voordoen, verdeeld over een viertal afdelingen van wisselende omvang. Deze flexibele organisatievorm is binnen een heldere constructieve opzet, een rij betonspanten op regelmatige afstand, gerealiseerd. Aan de noordzijde zijn laboratoria en tekenkamers gerealiseerd, aan de zuidzijde de werkkamers. De enorme windtunnels zijn in een apart gebouwdeel ondergebracht. Het gebouw vertoont de voor Van Tijen karakteristieke combinatie van zorgvuldig vormgegeven betonelementen en baksteen. Deze komt vooral tot uiting in de expressief vormgegeven vergaderzaal/kantine en de zeer ruimtelijke entreehal.
▪ In the NLL issues are addressed where these pertain to aviation and airplane construction, divided among four variously-sized departments. This flexible mode of organization is accommodated in a lucid structure, a row of regularly spaced concrete trusses. On the north side are laboratories and drawing rooms, with workshops facing south. The enormous wind tunnels have a block to themselves. The marriage of sensitively designed concrete members and brickwork typical of Van Tijen is particularly evident in the expressively shaped meeting hall cum canteen and the supremely spatial entrance lobby.

090 WONINGBOUW/HOUSING PARK HAAGSEWEG
Louis Armstrongstraat e.o.
MECANOO | 1988-1992
H. Döll (proj.)
de Architect 1991-9; K. Somer - Mecanoo, architecten, 1995

De 380 woningen zijn in een hoge dichtheid in een tuindorpachtige opzet gerealiseerd, van de omgeving afgescheiden door een appartementenblok van vijf lagen en een viertal woontorens. Door een alternerende positionering van de woningen aan de noordzijde is een levendig straatbeeld gecreëerd, hier en daar ten koste van een optimale bezonning. In de gevels is gebruik gemaakt van een baksteen plint en verschillend gekleurd stucwerk aan de bovenzijde; erkers vormen verticale accenten.
▪ Here 380 houses are packed together in a garden village ambience, separated from the surroundings by a five-storey apartment block and a quartet of residential towers. The tooth-and-gap disposition of dwellings on the north side is refreshing visually if detrimental to sunlighting in places. The facades sport brick plinths below rendering in various shades; jutting bays add a vertical touch.

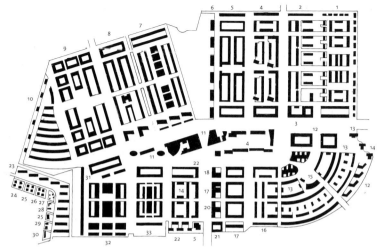

091 WONINGBOUW/HOUSING NIEUW-SLOTEN
Antwerpenbaan e.o.
DIVERSE ARCHITECTEN | 1993-
de Architect 1993-6, 1994-5; Archis 1993-8; M. Kloos - Amsterdam Architecture 1991- 93, 1994

1. DKV; 2. R. Steenhuis; 3. O. Greiner; 4. Lafour & Wijk; 5. B. Loerakker (LRRH); 6. B. Sybersma, R. de Ruyter (H. Klunder); 7. R. Uytenhaak; 8. B. Mannot (Groosman Partners); 9. H. Ruijssenaars (LRRH); 10. Sj. Soeters; 11. H. van Beek (Atelier PRO), A. Bodon, J.P. Kloos; 12. Van Berkel & Bos; 13. W. Patijn; 14. Groos de Jong; 15. Dijkstra; 16. K. de Kat; 17. H. van Meer (Van Meer en Putter); 18. P. Vermeulen (Vermeulen Van Mourik); 19. H. Witt (Witt en Jongen); 20. J. de Haan (Verheijen Heuer De Haan); 21. H. van den Oever; 22. P. Drijver (Scala architecten); 23. G. Daan; 24. M. de Maesenaar, D. v.d. Brande; 25. W. Kingma, A. van Mameren; 26. F. Oorthuys, Y. v.d. Elsen; 27. M. van der Waals, H. Zeinstra; 28. S. Komossa, M. Wagenaar; 29. Loof & Van Stigt; 30. Edhoffer, Van Exel; 31. K. van Velsen; 32. Duinker Van der Torre; 33. Geurst & Schulze, Van Sambeek & Van Veen

De laatste grote uitbreiding van Amsterdam is Nieuw-Sloten, gerealiseerd op een voormalig tuinbouwgebied tussen de volgens het Algemeen Uitbreidings Plan van Van Eesteren gebouwde westelijke tuinsteden en het dorp Sloten. De wijk bevat 5.000 woningen en een centrum waarin zich winkels en kantoren bevinden. Belangrijkste vormgevend element in de wijk is een centrale as, waar zich de hoofdverkeersroute met een sneltram en de voorzieningen bevinden, gemarkeerd door hoge bebouwing. In de wijk, ingedeeld in veertien sectoren die elk door een architect binnen bepaalde stedebouwkundige randvoorwaarden zijn uitgewerkt, is geëxperimenteerd met laagbouw in hoge dichtheden. Teneinde de eenheid in de wijk te verhogen is grote aandacht besteed aan het straatmeubilair en aan de vormgeving van bruggen (Zwarts & Jansma). Eerder dan een bijzonder stedebouwkundig plan is Nieuw-Sloten een verzameling projecten van wisselende kwaliteit. Een interessant project is het door Atelier PRO ontwikkelde centrum, gedomineerd door een drietal ovale torens van zestien en acht verdiepingen. Hier bevinden zich twee woonblokken ontworpen door de 'grand old men' van het Nieuwe Bouwen: J.P. Kloos en A. Bodon. Interessant is het project van Uytenhaak die experimenteert met een speciaal type baksteen. Hoge blokken omsluiten een voornamelijk met patiowoningen gevulde middengedeelte. De woningen van Sjoerd Soeters bevinden zich zoals gebruikelijk bij deze architect op het grensvlak van kunst en kitsch. Ertegenover liggen zgn. watervilla's, die tezamen met de woonblokken van Gunnar Daan en het Eilandenrijk de overgang vormen met het oude dorp Sloten. De acht eilanden hebben elk een eigen toegangsbrug; de woningen erop zijn ontworpen door zeven vrouwelijke architecten.

■ The latest large expansion to hit Amsterdam is Nieuw-Sloten, sited in a former horticultural area between the western garden suburbs, laid out in accordance with C. van Eesteren's General Expansion Plan, and the village of Sloten. This new district ranges 5,000 houses around a nucleus of shops and offices. The formal backbone of the design is a central axis containing the major traffic route, rapid tramline and services, and marked by tall development. The district divides into fourteen sectors each fleshed out by an architect within certain planning constraints and coloured by experiments in low-rise high-density development. Street furniture and bridges (by Zwarts & Jansma) are key elements in bringing unity to Nieuw-Sloten. The district is less a distinctive urban plan than an assemblage of projects of varying success. One compelling example is the district centre, designed by Atelier PRO and dominated by three oval towers eight and sixteen storeys high. Here too are a pair of housing blocks designed by the 'grand old men' of the Dutch Modern Movement, J.P. Kloos and A. Bodon. Of especial interest too is Rudy Uytenhaak's project which experiments with a special type of brick. In it tall blocks enfold a central section mainly of 'court-houses'. True to form, Soeters' dwellings teeter on the border between art and kitsch. Opposite them are 'water-villas' which, along with Gunnar Daan's residential blocks and the 'Eilandenrijk', forge a link with the old village of Sloten. Each of the eight islands comprising Eilandenrijk has its own bridge to the mainland; the houses on them were designed by seven woman architects.

092 KANTOORGEBOUW/OFFICE BUILDING NISSAN
Johan Huizingalaan 400
ZZ&P | 1989-1991
D3BN (constr.)
AB 1990-5; Bouwen met Staal 1990-95, 1991-101; Bouw 1992-9

093 LUCHTHAVEN SCHIPHOL/AIRPORT SCHIPHOL
Schipholweg 1
M.F. DUINTJER, F.C. DE WEGER, NACO | 1961-1968
Kho Liang Ie (int.)
Bouwkundig Weekblad 1968 p. 178; Bouw 1989-24

094 TERMINAL-WEST
Schipholweg 1
BENTHEM & CROUWEL, NACO | 1989-1993
N. Coates, J. Körmeling (b.k.)
V. van Rossem - Benthem Crouwel, architecten, 1992; Bouwen met Staal
1992-109; de Architect 1992-thema 46, 1993-9; Bouw 1993-12/13; l'Arca
1994-79; Architectuur in Nederland. Jaarboek 1993-1994;

Het gebouw bestaat uit twee volumes: een roze betegelde kantoorschijf en een rechthoekige doos waarin een opleidingscentrum is ondergebracht. Teneinde de gevraagde korte bouwtijd te realiseren en een kolomvrije overspanning van 15 m. mogelijk te maken is de draagconstructie van de kantoorschijf in staal uitgevoerd. De prefab betonvloeren rusten op de onderflens van stalen raatliggers, zodat op de bovenflens een verhoogde vloer kon worden aangelegd en een nettohoogte van 80 cm. overblijft voor kanalen en leidingen. Ter versterking van de schijf is een in doorsnede driehoekig glazen openbaar gebied toegevoegd. In het uitkragende kraaienest bevindt zich de directiekamer.

▪ The Nissan building consists of two volumes, a pink tiled office slab and a rectangular box housing a training centre. The load-bearing structure of the office slab is in steel, a decision taken to meet the short construction time required and to achieve a column-free span of 15 m. The prefabricated concrete floor slabs rest on a bottom flange of steel honeycomb joists so that the top flange can support a raised floor leaving 80 cm. clear for piping and ducts. A glazed public area of triangular section serves to strengthen the slab. The projecting crow's-nest contains the director's office.

Het stationsgebouw van Schiphol, dat in de jaren zestig werd gerealiseerd, wordt alom geroemd om zijn heldere opzet, zijn doeltreffende bewegwijzering en zijn verfijnd moderne interieur. De aankomst- en de vertrekhal zijn boven elkaar geplaatst. In beide doorlopen de passagiers telkens een aantal evenwijdige zones: entree, incheckbalie, paspoortcontrole, winkelstrook en wachtruimte in de vertrekhal en in de aankomsthal op de begane grond de omgekeerde volgorde. Het gemak van de afhandeling wordt voor een niet gering deel bepaald door de overzichtelijke indeling waarbij de noodzakelijke wanden voor een groot deel in glas zijn uitgevoerd. Bij latere uitbreidingen werd deze lay-out gehandhaafd.

▪ Built in the sixties, the main hall at Schiphol Airport became celebrated far and wide for its perspicuous parti, unerring signage and refined Modern interior. The arrivals and departures halls are stacked; in each the passengers cross through several parallel zones: entrance, check-in counter, passport control, row of shops and waiting room in the departures hall and in reverse order in the arrivals hall. Ease in handling and collection of luggage is largely due to the layout's clarity of organization with lots of glass in the obligatory partitions. This layout was retained for all later extensions.

De nieuwe aankomst- en vertrekhal voor intercontinentaal luchtverkeer is ontworpen vanuit dezelfde gedachte als de bestaande: een heldere structuur, zo weinig mogelijk hoogteverschillen, korte looplijnen en een optimale oriëntatie. Het 150 m. lange gebouw kent een constante doorsnede. Het is opgedeeld in modulaire eenheden van 50 m. en kan worden uitgebreid tot een lengte van 350 m. Ook hier is sprake van een functionele zonering in stroken. De ruimte wordt bepaald door een golvend stalen dak op v-vormige kolommen. Boven het dak 'zweeft' aan de landzijde een langgerekt kantoorgebouw voor luchtvaartmaatschappijen.

▪ The design of the new arrivals and departures hall for intercontinental flights proceeded from the same conception as produced the existing building: a clear structure, a minimum of difference in height, short walking distances and optimum orientation. Taking the form of an extrusion, the 150 m. long building is divided into modular units of 50 m. and can be extended to a length of 350 m. Once again there is a functional zoning in rows. Dominating the space is an undulating steel roof on v-shaped columns. 'Floating' above it on the landside is an elongated office block for airline companies.

095 GEBOUW VOOR STADSDEELWERKEN/URBAN
DISTRICT WORKS BUILDING
Van Heenvlietlaan 50/Van Nijenrodeweg
CLAUS & KAAN | 1990-1992
de Architect 1992-7/8; Architecture d'Aujourdhui 1993-jun;
Werk/Bauen+Wohnen 1993-10; Architecture + Urbanisme 1993-10;
M. Kloos - Amsterdam Architecture 1991-93, 1994

De vormgeving van dit gebouw sluit naadloos aan op de omgeving. Het gebouw bevat kantoren, kleedruimtes en een kantine en
heeft een klein oppervlak. Door de functies in een langgerekte
strook onder te brengen kon het gebouw lang genoeg worden om
zich als een tuinmuur naar de drukke wijkontsluitingsweg te mani-
festeren en het rommelige karakter van de werfbebouwing daar-
achter af te schermen. Dit tuinmuurkarakter is mede bereikt door
de gevel uit te voeren in flagstones, afgewisseld met grote glasvlakken. Aan de werfzijde wordt het beeld gedomineerd door de
glazen kantine onder een Miesiaans uitkragend dakvlak.
■ This works building, which packs offices, locker rooms and a
canteen onto a small surface area, slots perfectly in terms of
design into its surroundings. Housing the functions in an elongated volume meant that the building would be long enough to act as
a garden wall to the busy road accessing the district and screen
from view the untidy wharf buildings beyond. This garden-wall
guise has been partly achieved by dressing the frontage in flagstones alternating with large areas of glass. Seen from the wharf
the prevailing feature is the glass canteen beneath a Miesian cantilever roofdeck.

096 LYCEUM BUITENVELDERT/SECONDARY SCHOOL
De Cuserstraat 3
M.F. DUINTJER | 1959-1963
Th.J.N. van der Klei (medew.)
Bouw 1965 p.1456; Bouwkundig Weekblad 1965 p.2

Het kruisvormige gebouw heeft twee lokalenvleugels van drie
lagen, een vleugel met practica en stafruimtes op een aula, en een
lager gymnastiekgedeelte. In het kruispunt is een centrale hal met
entree en hoofdtrappenhuis. Op het dak bevindt zich een teken-
lokaal met terras en sterrenwacht. Een laagbouw met conciërge-
woning en fietsenstalling omsluit het voorplein. In de gang langs
de lokalen steken studieruimtes uit de gevel. De gevel bestaat uit
invullingen van baksteen, glazen bouwstenen en kenmerkende
ramen (0,75 x 0,75 m.).
■ This cruciform school comprises two three-storey wings of classrooms, a wing of staff and practical rooms above an aula, and a
lower section for gymnastics. In the intersection is a central hall
with entrance and main well, while on the roof is an art classroom
with a terrace and an observatory. Porter's lodge and bicycle shed
share a low-rise block defining the forecourt. The corridor along
the classrooms accommodates study areas that project beyond
the envelope. Facades are filled in with brick, glass block and distinctive fenestration (0.75 x 0.75 m.).

097 KANTOORGEBOUW/OFFICE BUILDING VAN LEERS
VATENFABRIEKEN
Amsterdamseweg 206
M. BREUER | 1957-1958
Bouwkundig Weekblad 1959 p.573; Architecture d'Aujourdhui 1959-
oct/nov

Het gebouw bestaat uit twee geknikte kantoorgevels van twee
lagen, verbonden door een centrale representatieve hal. De typische driehoekige dakvormen van deze hal zijn ook toegepast in de
erachter gelegen kantine en bij de portiersloge. De kantoren zijn
uitgevoerd als staalskelet met strakke eenvoudige gevels, de overige bouwdelen hebben een betonconstructie. Warmte-absorbe-
rende glasplaten zijn 1,25 m. voor de zuidgevels opgehangen. Om
het gebouw geschikt te maken voor verhuur aan meerdere
gebruikers werd intern later een extra verdieping toegevoegd,
zodat het oorspronkelijke uiterlijk bewaard bleef. Het interieur is
daarentegen vrijwel geheel bedorven.
■ This building consists of a pair of angled two-storey office wings
linked by a central reception hall. The typical triangular roof forms
of this hall are also applied to the canteen beyond and to the porter's lodge. Offices are steel-framed with taut, basic elevations,
while the remaining sections are of concrete construction. Heat-
absorbent glass panels are suspended 1.25 m. in front of the south
elevation. To prime the building for multiple letting an extra storey
was later added internally, thereby retaining the original exterior.
The interior, however, has been effectively ruined.

098 RAADHUIS/TOWN HALL

Handweg

VAN DOMMELEN, KROOS, VAN DER WEERD |
1975-1980

H.A. Maaskant (oorspr. ontw.)

*de Architect 1980-7/8; Bouw 1981-12; Deutsche Bauzeitung 1981-2;
Bauwelt 1982 p.678*

Het raadhuis, ontworpen op basis van een eerder 'niet uitnodi-
gend' plan van Maaskant, is typerend voor de jaren zeventig. Een
betonskelet op een vierkant grid (8 x 8 m.) vormt de structuur van
het gebouw: een raster van achthoeken, waarbij de tussenliggen-
de vierkanten worden gevormd door de paddestoelkolommen. In
oost- en westgevel domineren vierkanten, in de overige gevels de
achthoeken, aan één zijde tot ruitvorm uitgebouwd.

▪ This town hall, based on an earlier 'less inviting' plan by Maaskant, is typical seventies architecture. A concrete frame on a
square grid (8 x 8 m.) supports a network of octagons, with mush-
room columns occupying the squares in-between. East and west
facades are dominated by squares, the remainder by octagons
which taper to a point when piercing the envelope.

099 KANTOORGEBOUW/OFFICE BUILDING KPMG

Burgemeester Rijnderslaan 10-20

ALBERTS & VAN HUUT | 1988-1991

M. van der Schalk (int.)

AB 1991-10

De zo persoonlijk ogende architectuur van Alberts & Van Huut is
niet meer exclusief voorbehouden aan de 'zachte sector', maar
wordt succesvol toegepast voor kantoorgebouwen (155). Het
langgerekte gebouw bevat twee hoge bouwdelen, waarin de
entree en een doorgaande route zijn opgenomen. De antroposofische vormen zijn hier een modificatie van een 'normaal' kantoorgebouw, omdat men uit moest gaan van een bestaand stedebouwkundig concept. In het zeer verzorgd gedetailleerde interieur
komt de architectuur beter tot haar recht.

▪ The architecture of Alberts & Van Huut, so personal in appearance and once reserved for welfare, has since been successfully
applied to office buildings (155). The elongated block comprises
two tall sections containing the entrance and an unbroken circulation route. Here the anthroposophical forms are a modification of
a 'normal' office block, the architects being faced with an existing
urban context. In the interior with its extremely precise detailing
the architecture comes more into its own.

100 REKENCENTRUM/ACCOUNTS DEPARTMENT
AMRO-BANK

Groenelaan 2

VAN DEN BROEK & BAKEMA | 1970-1972

J. Boot (proj.)

*Architecture d'Aujourdhui 1972/73-dec/jan; Bauen+Wohnen 1973 p.385;
Domus 1974-nov; C. Gubitosi, A. Izzo - Van den Broek/Bakema, 1976;
J. Joedicke - Architektur-Urbanismus, 1976*

Het gebouw wordt gedomineerd door een grote flexibele compu-
terhal op de verdieping, in het exterieur gemarkeerd door betonelementen met rode tegeltjes voor gevel en dak. Rond deze hal
ligt een u-vormige schil van kantoren; op de begane grond een
magazijn en technische ruimtes. Vanwege de vereiste korte bouwtijd zijn vele onderdelen, waaronder het betonskelet en het
dak/gevelpanelen, geprefabriceerd. Het gebouw is door een
loopbrug verbonden met een later toegevoegd gedeelte.

▪ This building is dominated by a large flexible computer hall on
the upper floor, externally expressed by concrete elements with
red tiles for facade and roof. Around this hall is a u-shaped
envelope of offices, while the ground floor houses stores and
mechanical plant. Due to lack of construction time, many components including a concrete frame and roof and facade panels were
prefabricated. The building is connected by a footbridge to a later
addition.

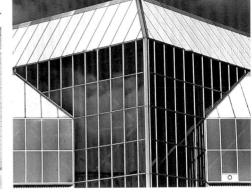

101 WOONHUIZEN/PRIVATE HOUSES
Straat van Mozambique 1, 3, 5
RIETVELD VAN DILLEN VAN TRICHT | 1964-1967
G. Rodijk - De huizen van Rietveld, 1991

De opdrachtgevers voor deze drie woonhuizen waren vrienden. Aanvankelijk ontwierp Rietveld een standaardtype op een vierkant modulair raster. Uiteindelijk bleken de eisen van de drie opdrachtgevers toch zodanig uiteen te lopen dat besloten is om drie verschillende huizen te ontwerpen. Hierdoor zijn drie variaties op een thema gerealiseerd: kubische composities van afwisselend wit en grijs geglazuurde baksteen met witte houten kozijnen en blauwe stalen vensters en deuren. Rietveld heeft de uitvoering zelf niet meegemaakt. Na zijn dood nam Van Dillen en later Van Tricht het werk over.

■ The clients who commissioned this trio of houses were friends. Originally Rietveld designed one standard type to a square modular grid. At the end of the day the demands made by the three clients were so divergent that he designed three different houses. They are three variations on a theme; cubic compositions of alternate white and grey glazed brick with white wood frames containing blue steel windows and doors. Rietveld didn't live to see the buildings completed, Van Dillen and later Van Tricht taking over after his death.

102 KANTOORGEBOUW/OFFICE BUILDING TURMAC TOBACCO COMPANY
Drentestraat 21
H. SALOMONSON | 1964-1966
Bouwkundig Weekblad 1966 p.405; Bouw 1967 p.1566

De ruimtes van dit kantoorgebouw zijn gegroepeerd rond een binnentuin ontworpen door Mien Ruys. Het hoofdblok rechts naast de entree bevat een dubbelhoge lezingenzaal, kantine/expositieruimte, directieruimtes en een publiciteitsstudio op het dak. De gevels bestaan uit prefab betonkolommen en gevelbanden ingevuld met geglazuurde baksteen en aluminium ramen. Bij het ontwerp is gebruik gemaakt van de Modulor, een maatsysteem gebaseerd op de gulden snede, ontwikkeld door Le Corbusier.

■ All spaces in this office building are grouped around a garden designed by Mien Ruys. The main block on the right of the entrance contains a double-height lecture hall, combined canteen and exhibition gallery, and director's suite, with on the roof a 'publicity studio'. Facades consist of prefabricated concrete columns and bands with an infill of glazed brick and aluminium-framed windows. The design makes use of the Modulor, a system of measurement developed by Le Corbusier based on the Golden Section.

103 TENTOONSTELLINGSGEBOUW, CONGRES-CENTRUM/EXHIBITION AND CONGRESS CENTRE RAI
Europaplein
DSBV | 1977-1981
A. Bodon, J.H. Ploeger (proj.), J.W.B. Enserink (constr.)
Forum 1982-4; Bouw 1982-3; M. Kloos - Alexander Bodon, architect, 1990

De uitbreiding van het RAI-complex (1951-1961; 1961-1965; 1969) bestaat uit een congresgedeelte met zalen en drie tentoonstellingshallen: een grote (97,5 x 97,5 m.) en twee kleinere (67,5 x 67,5 m.). Als overspanning voor de hallen zijn ruimtevakwerken toegepast. Het vakwerk bij de grootste hal is 45° gedraaid om met dezelfde overspanning tweemaal zoveel kolomvrije expositieruimte te kunnen omvatten. Hierdoor blijft overal dezelfde gevelindeling gehandhaafd: gesloten panelen, glas en lichtdoorlatende panelen onder 45° geplaatst.

■ The expansion of the RAI- complex (1951-1961; 1961-1965; 1969) includes a congress centre of auditoria and three exhibition halls, one large (97.5 x 97.5 m.) and two less-large (67.5 x 67.5 m.). All three halls are spanned by space frames of equal size, that of the largest being rotated through 45° to allow twice as much column-free exhibition space. The same frontal arrangement of solid panelling, glazing and translucent panelling, tilted 45°, has been maintained throughout.

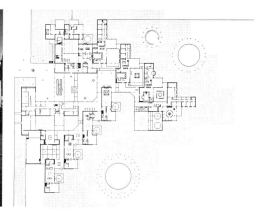

104 BURGERWEESHUIS/ORPHANAGE
IJsbaanpad 3
A.E. VAN EYCK | 1955-1960
Forum 1960/61 p.197; Architecture d'Aujourdhui 1960-sep/oct/nov;
Bouw 1962 p.116; Bouwkundig Weekblad 1963 p.25; Aldo van Eyck,
projekten 1948-1961, 1981; F. Strauven - Aldo van Eyck, 1994

Niet lang na de publicatie van 'Het verhaal van een andere
gedachte' (Forum 1959-7) krijgt de zgn. Forumgroep naast een
geschreven ook een gebouwd manifest: het Burgerweeshuis in
Amsterdam. De ideeën van de architect Aldo van Eyck zijn, kort
samengevat:
- de complexiteit van het maatschappelijk leven moet niet in rationele analyses en ordeningen uiteenvallen, maar door architect én
stedebouwer als ruimtelijke en maatschappelijke totaliteit ver-
beeld worden;
- het positivistische mensbeeld wordt vervangen door een idealis-
tische mensvisie; mensen in verschillende tijdperken en culturen
hebben dezelfde behoeften en intuïties;
- de architect moet zich verzetten tegen de technocratie: de
bureaucratisering, de verwetenschappelijking en de scheiding
van architectuur en stedebouw.
Een hoofdthema in zijn werk is de meerduidigheid; eenheid in
veelheid, veelheid in eenheid. Schijnbaar wezensvijandige deel-
aspecten worden verzoend in zgn. duofenomenen als open-
heid/geslotenheid, eenheid/verscheidenheid, eenvoud/com-
plexiteit, binnen/buiten, individu/gemeenschap,
centraal/decentraal.

In het weeshuis vormen de verschillende programmaelementen
een wijd, complex patroon, 'een kleine stad'. Om dit patroon herkenbaar en homogeen te maken, worden alle elementen aan één
structureel en constructief principe onderworpen. Vier ronde
kolommen zijn aan twee zijden overspannen door een betonnen
latei en afgedekt met een betonnen koepel/schaal. Een configura-
tie van een aantal van deze ruimtes vormt samen met een grotere
vierkante ruimte een kinderafdeling, gemarkeerd door een grotere koepel. Het gebouw heeft acht van deze kinderafdelingen,
ingedeeld naar leeftijdsgroep. De oudere groepen (10-20 jaar)
hebben een slaapverdieping en een open buitenruimte; de jongere groepen (0-10 jaar) hebben een omsloten buitenruimte (patio).
In totaal werd het gebouw bewoond door ±125 kinderen, tijdelijk
of blijvend zonder thuis. In de interieurs zijn vele verrassende
effecten bereikt met niveauverschillen, cirkelvormige verdiepte of
verhoogde gedeeltes en een diagonale gerichtheid van aandacht
en activiteiten. De afdelingen worden verbonden door een binnenstraat met dezelfde ruige materialen als het exterieur en ver-
licht met straatlantaarns. Naast de geschakelde afdelingen bevat
het gebouw enige grotere zalen voor feesten, recreatie en sport,
een centrale keuken en wasafdeling, een ziekenafdeling, een
administratiegedeelte en enkele dienstwoningen. Deze laatste
zijn op de verdieping gelegen en vormen een langgerekte, natuurlijke overkapping van het entreegebied.
Het interieur van het gebouw is inmiddels diverse malen gewijzigd, parallellopend met wisselende sociaal-pedagogische trends;
Van Eyck: 'er is verwoestend mee omgesprongen'. Eind 1986 cul-
mineert deze continue verminking in het plan om de helft van het
gebouw af te breken. Na een grootscheepse internationale
protestactie onder aanvoering van Hertzberger blijft het Weeshuis
behouden en zelfs gerestaureerd onder leiding van Van Eyck tot
huisvesting van het Berlage Instituut, een postdoctorale architec-
tuuropleiding.
▪ Not long after the publication of 'Het verhaal van een andere
gedachte' ('The Story of Another Idea') the so-called Forum
group, besides declaring their intentions in writing, were able to
offer a three-dimensional manifesto: the Burgerweeshuis
(Orphanage) in Amsterdam. The ideas of its designer, Aldo van
Eyck, are summarized briefly as follows:
- the complexity of life in our society must not be allowed to disin-
tegrate into rational analyses and arrangements, but should be
expressed by architect and urban designer alike as a spatial and
social whole;
- the positivist view of man is becoming replaced by an idealistic
vision; no matter which period or culture man has always had the
same basic needs and intuitions;
- the architect must resist the idea of a technocracy, a total subor-
dination to bureaucracy and science, and the separation of architecture and urban design.
A principal thread running through his work is 'unity in diversity,
diversity in unity'. Seemingly discordant elements are reconciled
in so-called 'twin-phenomena' such as open/closed, unity/diver-
sity, simplicity/complexity, inside/outside, individual/collective,
centralized/decentralized. In the Burgerweeshuis all elements
combine in a broad, complex pattern, 'a tiny city'. To render this
pattern recognizable and homogeneous all these elements are

Amstelveenseweg

A.E. & H. VAN EYCK | 1990-1994

M. Kloos - Amsterdam Architecture 1991-93, 1994

Op een terrein tussen het weeshuis en de zuidelijke rondweg ontwerpt Van Eyck samen met zijn vrouw Hannie in de jaren negentig een drietal kantoorblokken in hoogte oplopend van drie tot zeven lagen. De opbouw van de blokken is gelijk: een centrale toren met entree, verkeersruimten en toiletten die telkens drie kantoorvleugels koppelt. De veelhoekige kantoorruimten zijn open en niet-hiërarchisch geordend en kunnen door middel van verplaatsbare scheidingswanden worden ingedeeld. Materiaal- (onbehandeld hout voor de gevel) en kleurgebruik (de regenboog) zijn kenmerkend voor het recente werk van Van Eyck.

▪ In the nineties Van Eyck together with his wife Hannie designed a trio of office blocks varying from three to seven storeys on a site between the Orphanage and the southern ring road. The blocks agree in composition: a central tower of entrance, circulation zones and toilets each linking three office wings. The polygonal office spaces are open and non-hierarchic in arrangement, and can be divided up using movable partitions. Materials (untreated timber cladding) and colour (the rainbow) are typical of Van Eyck's more recent work.

subjected to one structural and constructional principle. Four round columns are spanned by four concrete lintels in a square and capped by a concrete dome. A configuration of a number of these spaces form together with a larger square space one children's zone, marked by a larger dome. The building has eight of these zones, each housing a different age group. The older groups (aged 10-20 years) have a bedroom level, and an open 'square' on the block's perimeter; the younger groups (up to 10 years) have an enclosed roofless square or 'patio'. All told, the building was home, temporary or permanent, for some 125 children. Inside many surprising effects have been achieved with differences in level, sunken or raised circular sections, and diagonal lines of attention and orientation of activities. The zones are interlinked by a 'binnenstraat' (inner street) with the same rough-textu-

red materials as its exterior and lit by 'streetlights'. Besides these linked zones the building contains several larger halls for parties, recreation and sports, a central kitchen and washing department, a sanatorium, an administrative section and several staff dwellings. The latter are on an upper level and form an elongated, natural shelter for the entrance zone. The building's interior has been altered a number of times to keep up with changing socio-educational trends; 'It's been through hell' (Van Eyck). At the close of 1986 this unremitting mutilation reached a head with plans to demolish half of the building. A massive international campaign spearheaded by Hertzberger succeeded in preserving the Orphanage. Since then, Van Eyck himself has led operations to restore it to house the Berlage Institute, a postdoctoral architecture training course.

106 OLYMPISCH STADION/OLYMPIC STADIUM
Stadionplein
J. WILS, C. VAN EESTEREN, G. JONKHEID |
1926-1928
Bouwkundig Weekblad 1928 p.145; Het Bouwbedrijf 1928 p.315;
O. Kiers - Jan Wils/het Olympisch stadion, 1978; T. Tummers -
Architectuur aan de zijlijn, 1993

Het stadion is gebouwd ter gelegenheid van de Olympische
Spelen die in 1928 in Amsterdam werden gehouden. In Wils'
architectuur is de invloed van Frank Lloyd Wright onmiskenbaar
aanwezig. De tribunes rusten op een betonnen draagconstructie,
het dak wordt gedragen door stalen vakwerkliggers. Een ranke
toren, de drager van de Olympische vlam, markeert de hoofdingang. Het stadion is uitgebreid en verbouwd en lange tijd ver-
waarloosd, maar wel benoemd tot rijksmonument. Naarmate de
plannen voor woningbouw op deze plek concreter worden neemt
het verzet tegen de sloop van het stadion toe.
∎ This stadium was built for the 1928 Olympic Games held in
Amsterdam. Wils's architecture betrays the unmistakable influence of Frank Lloyd Wright. The tribunes are supported on a load-
bearing concrete structure, their roofs resting on steel lattice girders. A slender tower for carrying the Olympic flame marks the
main entrance. Enlarged, refurbished and then long left to rack
and ruin, the stadium has since been made a national monument.
As plans to build housing at this site head towards a definite state,
so opposition to demolishing the stadium increases.

107 GERRIT RIETVELD ACADEMIE/ACADEMY
Prinses Irenestraat 96
RIETVELD VAN DILLEN VAN TRICHT | 1959-1967
G.Th. Rietveld (proj.)
Domus 1965-sep; Bouwkundig Weekblad 1968 p.173; Bouw 1968 p.790

Het hoofdgebouw van deze kunstacademie bevat theorie-, ont-
werp- en tekenlokalen, de aula en een gymnastieklokaal met bakstenen wanden. De L-vormige aanbouw bevat werkplaatsen.
Door de gevel op 40 cm. afstand van de vloeren te plaatsen lopen
de glazen puien zonder onderbreking tot het dak door en ontstaat
een volledig glazen doos. Ook in het interieur is glas veelvuldig
toegepast. Alle scheidingswanden zijn voorzien van bovenlichten;
de wand tussen de lokalen en de gang bestaat voor een groot
gedeelte uit vitrines.
∎ The main block of this art academy comprises classrooms for
theory, design and drawing, the great hall and a brick-walled gymnasium. An L-shaped annex contains workshops. By placing the
facades 40 cm. in front of the floors, its glazed skin could be
stretched without interruption from ground to roof, creating an
entirely glass box. Within, too, there is an abundance of glass, all
upper sections of wall partitions being glazed and walls between
classrooms and corridors consisting largely of glass showcases.

108 KANTONGERECHT/LAWCOURTS
Parnassusweg 200
B. LOERAKKER (VDL) | 1970-1975
E. Schwier (medew.)
Bouw 1976 p.341, 1991-22

Twee blokken van elk vier rechtszalen, een kleiner blokje met
enquêtekamers en een kantoorschijf in acht lagen zijn gegroepeerd rond een centrale hal. Een tussenniveau in het zalenblok is
alleen voor rechters toegankelijk. Door de hoogte van de centrale
hal wordt de wachtenden op de begane grond ruim zicht geboden
op het gerechtelijk bedrijf. Het oppervlak van het beton, dat zowel
binnen als buiten veelvuldig is gebruikt, verschilt van textuur
doordat telkens verschillende bekistingsafwerkingen zijn
gebruikt. Tussen 1984 en 1990 realiseert Loerakker een uitbreiding.
∎ Two blocks each of four lawcourts, a smaller block of inquiry
rooms and an eight-storey office slab are grouped around a
central hall. An entresol in each court block is for magistrates only.
The height of the central hall offers those waiting on the ground
floor an ample view of the legal machinery at work. The surface of
the concrete used unsparingly both inside and out varies in tex-
ture owing to continual changes in the lining of the formwork.
Loerakker added an extension between 1984 and 1990.

109 WOONHUIS/PRIVATE HOUSE
Apollolaan 141
H. SALOMONSON | 1961
Bouwkundig Weekblad 1961 p.104; Baumeister 1961 p.556; Werk 1963 p.132

Vanwege het uitzicht op het plein zijn de woonvertrekken boven en de dienstruimtes beneden gesitueerd. Door de terugliggende positie van de dienstruimtes lijkt het woonblok, dat op vrijstaande ronde kolommen rust, te zweven; een hoofdopzet gelijk aan Villa Savoye van Le Corbusier. De woonverdieping heeft een open plattegrond die met vouwwanden in verschillende ruimtes kan worden onderverdeeld. Bij een recente verbouwing is de buitentrap afgebroken en een gedeelte van de glaswand dichtgezet.
∎ Because this house overlooks a square, living quarters are situated upstairs with service areas below. Due to these service areas being set back, the house, which rests on free-standing round columns, gives the impression of floating; an approach comparable to that of Le Corbusier's Villa Savoye. The living level has an open plan subdivisible into different zones using folding partitions. During a recent renovation the outside stair was demolished and part of the glazed wall filled in.

110 MONTESSORISCHOOL, WILLEMSPARKSCHOOL
Apollolaan/Willem Witsenstraat
H. HERTZBERGER | 1980-1983
Casabella 1983-jul/aug; de Architect 1983-10; Forum 1984-3; Architecture d'Aujourdhui 1984-apr; Werk 1984-5; Bouw 1984-23; W. Reinink - Herman Hertzberger, architect, 1990

De twee scholen zijn volgens gelijke principes ontwikkeld, maar ogen door afwijkende situering en opdrachtgevers toch verschillend. De kleuterschool op de begane grond heeft haar entree onder het bordes van de buitentrap. De lagere school bestaat uit twee lagen op verschillende niveaus tegenover elkaar; de trappen vormen en omsluiten het belangrijkste ruimtelijke element: de centrale hal. De lokaalindeling wordt bepaald door een keukenelement: klassikaal of diagonaal/vrij.
∎ These two schools were developed along identical lines yet are dissimilar because of their different orientation and clients. The infants' school occupies the ground floor with its own entrance under the outer stair head. The primary school is in two storeys at half-levels to each other, the stairs shaping and allowing access to the most important spatial element: the central hall. The layout of each classroom is governed by the small kitchen unit within it.

111 BRUG EN BOOTHUIS/BRIDGE AND BOATHOUSE
Olympiaplein/Noorder Amstelkade
P.L. KRAMER | 1928
H. Krop (b.k.)
I. Haagsma, H. de Haan - Amsterdamse gebouwen 1880-1980, 1981; G. Kemme - Amsterdam architecture: a guide, 1987; B. Kohlenbach - Pieter Lodewijk Kramer, 1994

In dienst van de afdeling Publieke Werken van de gemeente Amsterdam ontwerpt Piet Kramer tot aan zijn pensioen in 1952 ongeveer 500 bruggen, waarvan zo'n 220 zijn uitgevoerd. Hij was verder verantwoordelijk voor de kleine gebouwtjes bij deze bruggen zoals botenhuisjes, elektriciteitshuisjes en wachthuisjes. Deze vormen vaak een architectonische eenheid met de brug zelf. Haast ongemerkt zijn deze bruggen in belangrijke mate bepalend voor de invloed van de Amsterdamse School op het huidige stadsbeeld van Amsterdam. Het hier gegeven voorbeeld is representatief voor de meer uitgebreide brugontwerpen van Kramer.
∎ In his capacity as Amsterdam Public Works Architect until his retirement in 1952, Piet Kramer designed some 500 bridges, of which 220 or so were built. He was further responsible for the small buildings whose function linked them to these bridges, such as boathouses, electrical substations and bridgemaster's houses. These often combine with the bridge in an architecturally unified ensemble. The bridges have done much, if almost imperceptibly, to encourage the Amsterdam School look of Amsterdam today. The example shown here is representative of Kramer's more elaborate bridge designs.

Cliostraat 40
J. DUIKER, B. BIJVOET | 1927-1930

Het Bouwbedrijf 1930 p.500; De 8 en Opbouw 1932 p.238; Forum 1972-5/6; Duikergroep Delft - J. Duiker bouwkundig ingenieur, 1982; M. Casciato - Johannes Duiker 1890-1935. Le Scuole, 1982; AB 1986-2

Openluchtscholen worden vanaf het begin van deze eeuw gebouwd om zwakke kinderen in de zon en de open lucht aan te laten sterken. In 1927 krijgen Duiker en Bijvoet de opdracht voor het ontwerp van een openluchtschool in Amsterdam-Zuid. Van de school, die op het binnenterrein van een gesloten bouwblok is gebouwd, zijn vijf voorontwerpen in verschillende situaties bekend.

De school bestaat uit een vierkant lokalenblok van vier verdiepingen, dat diagonaal op het terrein is geplaatst. Het basisvierkant is opgedeeld in vier kwadranten rond een diagonaal geplaatst centraal trappenhuis. Het oost- en westkwadrant bevatten elk per verdieping een lokaal en delen een openluchtlokaal op het zuiden. Het noordkwadrant is alleen op de begane grond bebouwd en bevat een lerarenruimte. Op de begane grond bevinden zich verder nog een lokaal in het westkwadrant, de hoofdentree onder de openluchtlokalen en een langwerpig, vanwege de grotere hoogte verdiept gelegen gymnastieklokaal dat half onder het lokalenblok is geschoven. De betonkolommen zijn niet op de hoeken maar in het midden van de kwadrantzijden geplaatst. Hierdoor ontstaat een gunstig krachtenverloop in de gevelbalken, blijven de hoeken kolomvrij en wordt het open, zwevende karakter van de school versterkt. De vloeren steken uit over de gevelbalken, waardoor eenzelfde momentreductie wordt bereikt. De kolommen zijn verder diagonaal gekoppeld door secundaire balken die de diagonale ruimteopbouw van de lokalen in het plafond zichtbaar maken. Door de kolommen en de balken te verjongen wordt het krachtenverloop in de constructie gedemonstreerd. Afgezien van een lage betonnen borstwering zijn de gevels geheel beglaasd en voorzien van stalen taatsramen, zodat het gehele lokaal geopend kan worden. In de betonvloeren zijn aan de onderzijde verwarmingsbuizen meegestort. Deze plafondverwarming, gekozen om ook in de winter de ramen te kunnen openen, functioneerde matig en is in 1955 vervangen. Tekenend voor Duikers doordachte detaillering zijn de kapstokhaken. Deze zijn bevestigd aan de verwarmingsbuizen in de hal waardoor tegelijkertijd de ruimte wordt verwarmd en de jassen worden gedroogd. Het poortgebouw aan de Cliostraat bestaat uit een woningblok rechts van de poort en een fröbellokaal boven de fietsenstalling en de entree. Door het relatief lage en transparante poortgebouw is de school vanaf de straat goed te zien. Het poortgebouw is in 1985 door J.M. Peeters voorbeeldig gerestaureerd en met een nieuwe trap uitgebreid. In de Openluchtschool krijgen de idealen van de moderne architectuur, licht, lucht en ruimte, op demonstratieve wijze gestalte. De school behoort met Duikers Zonnestraal in Hilversum en de Van Nellefabriek van Van der Vlugt in Rotterdam tot de hoogtepunten van deze architectuur in Nederland.

■ Since the beginning of the century open air schools have been built to help physically weak children gain strength aided by sun and fresh air. In 1927 Duiker and Bijvoet were commissioned to design an open air school to be built in Amsterdam-South. Standing on the inner court of a perimeter block, it was preceded by five preliminary plans for various locations. The school consists of a square classroom block in four levels placed diagonally on the site. This basic square is subdivided into four quadrants around a central staircase placed diagonally. East and west quadrants each contain one classroom per storey and share an open air classroom on the south side. The north quadrant occupies the ground floor only and consists of a staffroom. Also on the ground floor are a classroom in the west quadrant, the main entrance below the open air classrooms and an oblong gymnasium, sunken to accommodate its extra height and half tucked in under the classroom block. The concrete columns are situated not at the corners but in the middle of the quadrants' sides, producing a favourable distribution of forces in the facade beams, keeping the corners free of columns and strengthening the school's open, 'floating' appearance. Floor slabs cantilever over the main beams resulting in a counterbalance of moment. The columns are then coupled diagonally by secondary beams which express in the ceiling the diagonal spatial layout of classrooms. The structure's distribution of forces is demonstrated by tapers in the columns and beams. Except for a low concrete parapet the facades are fully glazed and fitted with steel-framed revolving windows allowing classrooms to be opened up entirely. The concrete floor slabs contain central heating pipes on the underside fitted during the pouring process. This system of heating from the ceiling down, chosen so as to be able to open the windows in winter, was only moderately successful and in 1955 it was replaced. Characteristic of Duiker's conscientious attention to detail are the coat pegs attached to the central heating pipes in the hall.

The portal building on the Cliostraat consists of a housing block on the right of the portal and an infants' classroom above a bicycle shed and the entrance. This building, being relatively low and transparent, allows a satisfactory view of the school from the street. In 1985 the portal building underwent an exemplary restoration by J.M. Peeters and was extended with a new stair. In the Open Air School the ideals of Modern Architecture, light, air and space, have been attained in no uncertain fashion. It joins Duiker's Zonnestraal in Hilversum and Van der Vlugt's Van Nelle factory in Rotterdam as one of the masterpieces of this type of architecture in the Netherlands.

113 MONTESSORISCHOOL
Albrecht Dürerstraat 36
W. VAN TIJEN, M.A. STAM, C.I.A. STAM-BEESE |
1935
De 8 en Opbouw 1935 p.61; Plan 1970 p.573; T. Idsinga, J. Schilt - Architect Van Tijen 1894-1974, 1987

Deze school heeft door zijn grote glasvezels en zijn ruime balkons en terrassen het karakter van de door Van Tijen zeer bewonderde Openluchtschool (112) van Duiker. De school bestaat uit een vrijstaand gymnastieklokaal in de tuin en een lokalenblok met een handenarbeidlokaal in het souterrain, twee lagen van elk drie lokalen daarboven en twee openluchtlokalen op het dak. De glasgevels van de lokalen op het westen en het zuiden kunnen geheel worden geopend.
∎ With its glazed facades and ample balconies and terraces this school possesses the character of Duiker's Open Air School (112) much admired by Van Tijen. It consists of a free-standing gymnasium in the garden and a classroom block with handiwork room in the basement, two levels of three classrooms and finally two open-air classrooms on the roof. The glazed facades in the west and south can be opened up completely.

114 DRIVE-IN WONINGEN/DWELLINGS
Anthonie van Dijckstraat 4-12
**W. VAN TIJEN, M.A. STAM, C.I.A. STAM-BEESE,
H.A. MAASKANT** | 1937
De 8 en Opbouw 1937 p.115; Het Bouwbedrijf 1938 p.171; T. Idsinga, J. Schilt - Architect Van Tijen 1894-1974, 1987

Door in de woningen op een volwaardige manier een garage op te nemen wordt een geheel nieuw woningtype ontwikkeld dat tot die tijd onbekend was en vooral in de jaren vijftig en zestig meermalen zou worden toegepast. Vanuit een glazen entreeportaal naast de garage bereikt men via een halfronde trap de open en lichte woonruimte. De eetruimte en het woongedeelte zijn van elkaar gescheiden door een glazen schuifwand. Een stalen steektrap verbindt de eetkamer met de tuin aan de achterzijde.
∎ Here, by treating the garage as an integral component, an entirely new dwelling type was developed which was not to go unrepeated, particularly during the fifties and sixties. From a glazed entrance next to the garage a semi-circular stair leads to an open, well-lit living space. Dining area and living zone are separated from each other by a glazed sliding partition, while a straight steel stair connects the dining room to the back garden.

115 SYNAGOGE/SYNAGOGUE
Heinzestraat/Jacob Obrechtplein
H. ELTE | 1928
Het Bouwbedrijf 1930 p.49

De gelede bouwmassa's en de gesloten baksteenvlakken met glas-in-loodramen en granieten dorpels en banden vormen een kubistische variant van de Amsterdamse School, sterk beïnvloed door Frank Lloyd Wright. Een voorportaal en vestibule met marmeren wanden leiden naar de zeer hoge synagoge. De galerij voor de vrouwen, gedragen door een rij kolommen (bekleed met glasmozaïek) vormt een voorruimte. De Heilige Ark, de meest wijdingsvolle plaats in de synagoge, is geplaatst in een elliptische nis
∎ The articulated masses and closed brick surfaces with leaded windows and granite doorsteps, lintels and edgings constitute a Cubist variation of the Amsterdam School, strongly influenced by Frank Lloyd Wright. Porch and vestibule with marble walls lead to the lofty synagogue itself. The women's gallery supported by a row of columns dressed with glass mosaic forms a prefatory space. The Holy Ark, the synagogue's most sacred feature, is placed in an elliptical recess.

116 RIJKSVERZEKERINGSBANK
Apollolaan
D. ROOSENBURG | 1937-1939
Bouwkundig Weekblad 1937 p.142; Forum 1991-apr; R. Mens - De sociale
verzekeringsbank, 1991

Het gebouw bestaat uit een ronde onderbouw met daarop een, in verband met de daglichttoetreding, afgeronde smalle hoogbouwschijf. Door deze op de as van de Gerrit van der Veenstraat te richten reageert Roosenburg adequaat op de omgeving. Naast de hoofdingang bevinden zich in de onderbouw de kaartenarchieven. De kantine is met een terras op het dak gesitueerd. De indeling van de kantoren in de schijf kan met verplaatsbare wandelementen worden gewijzigd. Tijdens een restauratie is de onderbouw gesloopt en herbouwd in de oorspronkelijke staat.

▪ This building consists of a circular understructure with above it a narrow, rounded high-rise slab. In rotating this on its axis to face Gerrit van der Veenstraat Roosenburg reacted with sensibility to its surroundings. In the understructure, next to the main entrance, is the card catalogue. A canteen and terrace occupy the roof. Subdivision of office space in the slab can be modified using movable wall fittings. During restoration work the understructure was demolished and rebuilt in the original state.

117 TENNIS- EN TENTOONSTELLINGSHAL/TENNIS AND EXHIBITION HALL APOLLO
Apollolaan 2
A. BOEKEN, W. ZWEEDIJK | 1933-1935
De 8 en Opbouw 1934 p.209; Bouwkundig Weekblad 1935 p.21

Het gebouw bestaat uit een café-restaurant, een directeurswoning en een hal met vijf tennisbanen die ook voor exposities te gebruiken is. De hal (35 x 85 x 12 m.) is overspannen door zes stalen portaalspanten; het dak is van holle terracotta-platen. Het staalskelet is overal ingevuld met metselwerk. Met het gebruik van decoratieve elementen als gebogen en geknikte daken, luifels en ronde ramen is dit gebouw een duidelijk voorbeeld van de architectuur van Groep 32.

▪ This building comprises a bar-restaurant, manager's residence and a hall with five tennis courts which can further serve as exhibition hall. The hall (35 x 85 x 12 m.) is spanned by six portal trusses. The roof is of concave terracotta panels, while the steel frame is brick-clad throughout. With such decorative elements as shallow slopes of roof, awnings and circular windows this building exemplifies clearly the architecture of Groep 32.

118 ATELIERWONINGEN/STUDIO HOUSES
Zomerdijkstraat 16-30
ZANSTRA, GIESEN, SIJMONS | 1934
De 8 en Opbouw 1935 p.49; Bouwkundig Weekblad 1935 p.115;
R. Sherwood - Modern Housing Prototypes, 1978; M. van Stralen -
Atelierwoningen Zomerdijkstraat, 1989

Het verschil in uiterlijk tussen de twee lange gevels van dit blok volgt uit de functie: woningen met ateliers voor beeldend kunstenaars. Aan de zuidzijde bevinden zich zes woonlagen voor de vier lagen met ateliers aan de noordzijde. Het hoogteverschil tussen de woonruimtes en de ateliers maakt afwisselend kleine (één woonlaag) en grotere woningen (twee woonlagen) mogelijk. De draagconstructie bestaat uit een geheel in het werk vervaardigd staalskelet. De atelierwoningen zijn in 1990 gerestaureerd door architect Bertus Mulder, waarbij het oorspronkelijke uiterlijk zoveel mogelijk bewaard is gebleven.

▪ The difference in outward appearance between the two long facades of this block stems from the building's function: dwellings with sculptors' studios. On the south side are six dwelling levels flanking four levels of studios on the north side. The difference in height between housing and studios allows for an alternation of small dwelling units (one level) with larger units (two levels). The loadbearing structure consists of a steel frame. The studio houses were restored in 1990 by the architect Bertus Mulder, retaining as far as possible the original exterior.

119 WONINGBOUW, STEDEBOUW/HOUSING,
URBAN DESIGN AMSTERDAM-ZUID
Vrijheidslaan, Minervalaan e.o.
H.P. BERLAGE | 1915-1917
*Wendingen 1923-4, 1929-11/12; Bouwkundig Weekblad 1930 p.293; F.F.
Fraenkel - Het plan Amsterdam-Zuid van H.P. Berlage, 1976; S. Polano -
Hendrik Petrus Berlage, het complete werk, 1988; K. Gaillard, B. Dokter -
Berlage en (de toekomst van) Amsterdam Zuid, 1992*

Aan het eind van de negentiende eeuw wordt duidelijk dat
Amsterdam zich niet ongelimiteerd concentrisch kan uitbreiden.
Met name de revolutiebouw in lange smalle straten, een techno-
cratische vertaling van het laissez-faire principe van het liberalis-
me, is onhygiënisch en eentonig. Berlage wordt in 1900 aange-
zocht om een plan voor de zuidelijke uitbreidingen te ontwerpen.
Op dat moment heeft hij nog geen praktische ervaring met stedebouwkundige ontwerpen. Zijn belangrijkste inspiratiebron is het
theoretische werk van Camillo Sitte, Der Städtebau nach seinen
künstlerischen Grundsätzen. Het eerste ontwerp (1900-1907) is
zeer esthetisch van opzet, met inachtneming van stringente eisen
als gemeentegrenzen en waterstanden. Een lage bebouwings-
dichtheid van 40% maakt het plan echter qua grondkosten te
duur.
In de tweede versie (1915-1917) is meer zekerheid over de noodzakelijke onteigeningen en grondaankopen en kan een meer uit-
gebalanceerd plan ontstaan. De stedelijke ruimtes zijn gedetermi-
neerd door straatwanden. Het plan is een aaneenschakeling van
imposante hoofdverbindingswegen, pleinen en monumentale

accenten, bij voorkeur openbare gebouwen. Ook de indeling van
straten, groenstroken en beplantingen worden door Berlage ontworpen. Het plan is gebaseerd op geometrische patronen (vijf-
hoeken) met twee hoofdmomenten: de verkeersweg vanaf de
nieuwe Amstelbrug (121) tot het Victorieplein met de monumentale wolkenkrabber van J.F. Staal (120), en de monumentale as
over de Minervalaan (architecten: C.J. Blaauw, G.J. Rutgers en
J.F. Berghoef), gericht op een toekomstig en nooit gerealiseerd
Zuiderstation. In het plan zijn diverse woningtypen voorzien,
gekoppeld aan verschillende sociale klassen, te weten villa's, mai-
sonnettewoningen (boven elkaar met gescheiden ontsluiting) en
meergezinswoningen met gemeenschappelijk trappenhuis. Deze
laatste categorie bestrijkt 75%.

Kenmerkend voor de arbeiderswoningen is de zgn. hofbebou-
wing, een stedelijke versie van de tuinstadgedachte. Mede hierdoor en door de nadruk op bouwblok en totale straatwand wordt
het collectieve benadrukt. Er is een synthese ontstaan tussen een
ordelijke, monumentale opzet en de traditionele Hollandse hang
naar het pittoreske. Daarom hebben bij de invulling van het plan
tussen 1925 en 1940 de architecten van de Amsterdamse School
de voorkeur. Bakstenen wanden, pannen daken en houten kozijnen zijn voorschrift, waardoor Nieuw-Zakelijke architecten, die
gebruik maken van moderne materialen en vormgeving geweerd
worden. Enkele ontwerpen worden afgekeurd door de schoonheidscommissie, terwijl de beroemde Openluchtschool van
Duiker (112) naar een binnenterrein wordt verbannen. In 1994

kreeg Amsterdam-Zuid alsnog haar eerste modernistische invulling aan het Victorieplein, een woonblok van het Rotterdamse architectenbureau DKV.

At the close of the nineteenth century it was clear that there was a limit to Amsterdam's concentric expansion. The practice of jerry-building in long, narrow streets, a technocratic translation of the laissez-faire principle of liberalism, was particularly unhygienic and monotonous. In 1900 Berlage was approached to design a plan for expansion to the south. At that time he had had no practical experience in urban design. His biggest source of inspiration was Camillo Sitte's treatise entitled 'Der Städtebau nach seinen künstlerischen Grundsätzen' ('City Planning According to Artistic Principles'). The first plans (1900-1907) were very aesthetic in design, observing such stringent demands as municipal boundaries and water-level heights. However, its low development density of 40% would in terms of land costs have been too expensive. The second version (1915-1917) took a more secure look at the necessary expropriations and land acquisitions and offered a more balanced plan. In it, urban spaces are determined by street walls. The plan is a concatenation of grand avenues, squares and monumental accentuations, with a preference for public buildings. The arrangement of streets, green strips and planting was the work of Berlage, too. Based on geometric patterns (pentagons) the plan has two main axes: the main road from the new Amstel bridge (121) to Victorieplein with J.F. Staal's monumental skyscraper (120) and the grand axis over the Minervalaan (development by C.J. Blaauw, G.J. Rutgers and J.F. Berghoef) aimed towards an intended unrealized local railway station. The plan includes various types of dwelling attached to different social strata, namely villas, maisonettes (in layers with individual access) and housing slabs with a communal staircase. The last-named category accounts for 75%.

Typical of the workers' housing is the perimeter block, an urban version of the garden city concept. This and the emphasis on blocks and continuous street walls serve to accentuate the 'collective' element. A synthesis has been created between an ordered, monumental layout and traditional Dutch leanings towards the picturesque. This explains the preference for Amsterdam School architects when fleshing out the plan between 1925 and 1940. Brick walls, tiled roofs and wooden window frames were the order of the day, thus excluding architects of the Nieuwe Zakelijkheid (New Objectivity) with their use of modern materials and design. A few designs were rejected by the authorities, while Duiker's celebrated Open Air School (112) was relegated to a secluded square. In 1994 Amsterdam-Zuid gained its first Modern infill on Victorieplein, an apartment building by the Rotterdam firm of DKV.

120 DE WOLKENKRABBER/THE SKYSCRAPER
Victorieplein
J.F. STAAL | 1927-1930
H. Krop (b.k.)
Het Bouwbedrijf 1931 p. 252, 1932 p. 133

De twaalf verdiepingen hoge toren is, afgezien van een eerdere poging van Duiker in Den Haag, het eerste hoogbouwproject voor woningen in Nederland. Op de begane grond bevinden zich twee winkels en een portiersloge. Elke woonverdieping bevat twee zeskamerwoningen. De draagconstructie, vloeren, trappen en balkons zijn van beton. De Wolkenkrabber is voorzien van veel 'moderne' gemakken zoals vuilstortkokers, portier, lift, centrale verwarming, warmwatervoorziening, spreekbuizen en een elektrische bel.

Leaving aside an early attempt by Duiker in The Hague this twelve-storey tower block was the first high-rise housing project in the Netherlands. On its ground floor are two shops and a porter's lodge. Each housing level contains two six-room apartments. Loadbearing structure, floors, stairs and balconies are all of concrete. 'The Skyscraper' has many 'modern' conveniences such as rubbish chutes, porter, lift, central heating, hot water, speaking tubes and an electric bell.

121 BERLAGEBRUG/BERLAGE BRIDGE
Vrijheidslaan
H.P. BERLAGE | 1926-1932
Bouwkundig Weekblad 1932 p. 181; A.W. Reinink - Amsterdam en de beurs van Berlage, 1975

De 24 m. brede Berlagebrug bestaat uit vijf traveeën. De middelste travee is uitgevoerd als een enkelvoudige klapbrug waardoor een asymmetrisch uitgangspunt ontstaat. Dit wordt door Berlage benadrukt door het hoge brugwachtershuisje dat is geplaatst op een kelder met elektrische installaties. Het brugwachtershuis is aan de zuidzijde voorzien van een keramisch reliëf van Hildo Krop.

The 24 m. wide Berlage Bridge is made up of five bays, the central one, a simple lifting-bridge, providing an asymmetrical element. This Berlage further emphasizes with a tall bridgehouse powered from below and with a ceramic relief by Hildo Krop on its south face.

H. Ronnerplein, P.L. Takstraat, Th. Schwartzeplein
M. DE KLERK, P.L. KRAMER | 1919-1922
Het Bouwbedrijf 1924 p.252; Wendingen 1924-9/10; GA 56

Deze arbeiderswoningen voor de socialistische woningbouw-vereniging 'De Dageraad' zijn ontworpen door de twee belang-rijkste exponenten van de Amsterdamse School: M. de Klerk en P.L. Kramer. De woningen zijn gebouwd met gemeentesubsidie en voldoen aan de bouwverordening (maximaal vier lagen, trap-penhuizen in directe verbinding met de buitenlucht, maximale inhoud van de woonruimte, etc.). Hoewel vooral Amsterdamse Schoolarchitecten vaak werden ingezet ter verfraaiing van de gevels van standaard woonblokken, zijn in dit geval ook de platte-gronden van de hand van De Klerk en Kramer. Het complex bevat grotendeels drie- en vierkamerwoningen, hetgeen voor de arbei-ders die er woonden een aanzienlijke verbetering van hun leef-situatie betekende. Dat er naast ruime woningen ook en vooral veel aandacht kon worden besteed aan het exterieur is voorname-lijk te danken aan de constante verdediging door de socialistische wethouder Wibaut tegen kritiek over de vermeende spilzucht en het onnodig verfraaien van de straatwanden. Zijn borstbeeld is dan ook verwerkt in een van de straathoeken van het complex. Het werk van De Klerk betreft voornamelijk de woningen aan het Th. Schwartzeplein en het H. Ronnerplein. De woningen zijn in groepen bijeengebracht, telkens gescheiden door een diepe inham in de daklijn. Het werk van De Klerk is hier veel rustiger en minder uitbundig dan in de Spaarndammerbuurt (052). De straat-wanden aan de P.L. Takstraat zijn eveneens van De Klerk. Door de woninggroepen telkens ten opzichte van elkaar te laten versprin-gen en ze met een plantenbak naast de entrees met elkaar te ver-binden, ontstaan zich herhalende Z-vormige figuraties die de straatwanden een dynamisch karakter geven. Kramer heeft de woningen langs de Burg. Tellegenstraat, de W. Passtoorsstraat en de Talmastraat ontworpen. Het meest indrukwekkend is de hoek-bebouwing aan de P.L. Takstraat waar welvende verticale vlakken oprijzen uit de getrapt afgeronde straatgevels. De twee scholen die het complex aan de zijde van het Amstelkanaal afsluiten zijn ontworpen door Publieke Werken. Het beeldhouwwerk bij de ingangen is van Hildo Krop. Ook het Coöperatiehof (1925-1927) is van Kramer.

∎ These workers' dwellings for the socialist housing association 'De Dageraad' ('The Dawn') were designed by the two leading exponents of the Amsterdam School: M. de Klerk and P.L. Kramer. They were built with a council subsidy and satisfied all conditions imposed (a maximum of four levels, staircases in direct contact with the open air, a limit to living space, and so on). Though

Amsterdam School architects in particular were often brought in to embellish facades of standard housing blocks, in this case the plans, too, are the work of De Klerk and Kramer. The complex consists mainly of three- and four-room units which meant for its new tenants a considerable improvement in living standards. This and the even greater attention paid their exteriors were largely due to the constant support of socialist alderman Wibaut in the face of accusations of extravagance and unnecessary embellish-ment of the facades. His bust forms part of one of the street cor-ners. De Klerk's main contribution were the dwellings on two squares, Th. Schwartzeplein and H. Ronnerplein. The dwellings are in groups separated by deep recesses in the roofline. De Klerk's work is here much more restrained than that of the Spaarndammer-buurt (052). Also by him are the street walls on P.L. Takstraat. Staggering the groups of dwellings and connecting them with a box for plants at each entrance created Z-shaped figures which give the street walls a dynamic quality. Kramer was responsible for the dwellings lining Burg. Tellegenstraat, W. Passtoorsstraat and Talmastraat. The most impressive of these is on the corner of P.L. Takstraat, where undulating vertical surfaces rise up sheerly from the stepped curves of the front fa-cades. Two schools terminating the complex on the Amstelkanaal side were designed by Amsterdam Public Works. All entrance sculptures are by Hildo Krop. The Coöperatiehof (1925-1927) was likewise designed by Kramer.

123 SYNAGOGE/SYNAGOGUE
Lekstraat 61-63
A. ELZAS | 1934-1937
Bouwkundig Weekblad 1935 p.297, 1938 p.429; De 8 en Opbouw 1935
p.278, 1938 p.239; Wonen-TA/BK 1978-12, 1985-18

Vrijwel ongewijzigde uitvoering van een winnend prijsvraagont-
werp. Het gebouw bestaat uit een gedeelte in baksteen met
dienstruimtes, kindersynagoge, een vergaderruimte en een
dienstwoning op het dak; en de eigenlijke synagoge, een rechthoekig blok bekleed met natuursteen. De synagoge heeft de leng-
teas naar het zuidoosten. Het is een grote ruimte, met een vrou-
wengalerij langs drie kanten, die door haar vorm en belichting de
gewenste wijding moeten geven. De heilige plaatsen zijn door
materiaalgebruik geaccentueerd. Het gebouw huisvest thans het
Nationale Verzetsmuseum.
▪ This synagogue, a virtually unmodified competition-winning
design, consists of a brick section containing service spaces, children's synagogue, meeting hall and rooftop residence; and the
synagogue proper, a rectangle dressed in natural stone. With its
longitudinal axis pointing south-east, it constitutes one large
space with the women's gallery along three sides, its form and
lighting offering a suitably devotional atmosphere. The most
holy points are accentuated by their handling of material. The
building now houses the National Resistance Museum.

124 WONINGBOUW/HOUSING
Vrijheidslaan/Kromme-Mijdrechtstraat
M. DE KLERK | 1921-1922
Wendingen 1923-4, 1924-9/10

De Klerk heeft voor dit bouwblok alleen de gevels ontworpen.
Het was in die tijd niet ongebruikelijk voor architecten om massawoningbouw van een esthetisch front te voorzien. Het is waar-
schijnlijk een van de redenen waarom uitingen van de Amsterdamse School vaak 'schortjesarchitectuur' worden genoemd. In
dit geval zijn door ronde erkers verbonden verspringende balkons
aangebracht waardoor diagonaal getrapte lijnen over de gevels
zijn ontstaan. De gevels aan de overzijde van de Vrijheidslaan zijn
van Kramer.
▪ Only the facades of this housing block are the work of De Klerk.
In those days it was not unusual for architects to provide mass
housing with an aesthetic exterior, a probable reason why
Amsterdam School work was often called 'pinafore architecture'.
In this case staggered balconies linked to bow windows create a
play of diagonals stepping down the facades. Elevations on the
other side of Vrijheidslaan are by P. Kramer.

125 WONINGBOUW/HOUSING
Holendrechtstraat 1-47
M. STAAL-KROPHOLLER | 1921-1922
Wendingen 1924-9/10; E. van Kessel, M. Kuperus - Margaret Staal-
Kropholler, architect, 1991

De architecte heeft alleen de gevel van dit woningblok van een
particuliere bouwer ontworpen. De vrij gladde en strakke gevel
vertoont op de hoeken en telkens in de as van de straten loodrecht op het blok, de voor de Amsterdamse School karakteristieke
welvingen en plastische accenten. In deze golvingen bevinden
zich balkons en entrees, soms geaccentueerd door een bakstenen
ornament. De enigszins teruggliggende bovenverdiepingen zijn
soms omlijst door verticaal geplaatste dakpannen.
▪ Only the facade of this privately built housing block was
designed by Margaret Staal-Kropholler. Its relatively smooth, taut
surface displays at the corners and where streets meet it at right
angles the curves and accentuations characteristic of the
Amsterdam School. These curves incorporate balconies and
entrances, occasionally picked out by a brick ornament. Some of
the slightly set-back upper floors are framed by roof tiles placed
vertically.

126 VERGADERGEBOUW/MEETING-HOUSE;
ADMINISTRATIEGEBOUW/ADMINISTRATIVE BLOCK
THEOSOFISCHE VERENIGING
Tolstraat 154-160
BRINKMAN & VAN DER VLUGT | 1925-1927; 1928-1929
J. Geurst, J. Molenaar - Van der Vlugt, architect 1894-1936, 1983; Wonen-TA/BK 1983-20; de Architect 1984-1, 1985-2

Het vergadergebouw voor de theosofische beweging heeft de vorm van een kwart cirkel met een naar het centrum oplopend dak dat wordt gedragen door radiaal geplaatste gebogen spanten. Hoog in de twee rechte wanden valt daglicht binnen door schuingeplaatste verticale raamstroken. Het gebouw is in 1984 tot bibliotheek verbouwd, waarbij de oorspronkelijke toestand grotendeels bewaard is gebleven. Het administratiegebouw van de vereniging, rechts naast het vergadergebouw, functioneert nog steeds
∎ This former meeting-house for Theosophists has the form of a quadrant with its roof sloping towards the centre of the imaginary circle containing it, supported by radially placed arched trusses. High up in the two straight walls are slanting vertical slits of fenestration allowing in daylight. In 1984 the building was recast as a library, though retaining as far as possible its original state. The administrative block to its right is still used as such by the movement.

127 ROEIVERENIGING/ROWING CLUB DE HOOP
Weesperzijde 65a
A. KOMTER | 1950-1952
Forum 1950 p.49, 1953 p.228; W. de Wit - Auke Komter/architect, 1978

Op de plaats van het in de Tweede Wereldoorlog verwoeste roeiclubgebouw van M. de Klerk verrijst in 1952 deze nieuwbouw. Het gebouw heeft een betonconstructie op een eenvoudig vierkant raster, hetgeen zich duidelijk aftekent in de gevels tussen decoratieve baksteenvlakken. Op basis van een functionele plattegrond zijn enkele speelse accenten aangebracht: de geknikte dakjes boven de kleedruimtes, enkele vrijstaande trappen, de dakopbouw met kantine en het 'kraaiennest'.
∎ Built in 1952 to replace M. de Klerk's earlier rowing club building destroyed in the last war, these new premises deploy a concrete structure in a basic grid of squares, visible in the facades amidst decorative brick surfaces. Introduced into its functional plan are a few playful emphases such as double-pitched roofs above the changing-rooms, several free-standing stairs and a roof structure with a canteen and 'crow's-nest'.

128 AMBACHTSSCHOOL/TECHNICAL SCHOOL
Wibautstraat 125
DE GEUS & INGWERSEN | 1956
H. de Laak (b.k.)
Bouwkundig Weekblad 1957 p.125; La Technique des Traveaux 1959 p.149; Katholiek Bouwblad 1961 p.441

De invloed van Le Corbusier op de Nederlandse architectuur is, althans in de vorm van directe stijlcitaten, niet uitzonderlijk groot geweest. Een uitzondering hierop is dit gebouw waarin een reeks verwijzingen zichtbaar is. De belangrijkste daarvan zijn de sculpturale, betonnen pilotis waarop het gebouw rust, de betonnen 'brise-soleils' die voor de glasgevels zijn geplaatst en het direct aan Le Corbusiers Unité d'Habitation in Marseille refererende dakterras. De gebouwdelen op dit dakterras bevatten overigens geen aparte, collectieve functies, maar slechts vides van de door het dak heenstekende kantine en gymnastiekzaal op de bovenste verdieping.
∎ The influence of Le Corbusier on Dutch architecture has never been that great, if direct stylistic quotes are anything to go by. One exception is this school which exhibits quite a range of Corbusian references. The most important is the sculptural concrete pilotis bearing aloft the building, the concrete 'brise-soleil' set before the facade glazing and the roof garden straight out of the Unité d'Habitation at Marseilles. The built elements on this roof serve no specific collective purpose, being merely the voids of the canteen and gymnasium thrusting through the roof from the upper floor.

129 VERBOUWING/CONVERSION OF ENTREPOTDOK
Entrepotdok 13-84
A.J. & J. VAN STIGT | 1985-1988
Bouw 1986-3

Het Oud Entrepotdok, dat bestond uit 84 monumentale pakhui-
zen die tussen 1708 en 1829 zijn gebouwd, heeft een drastische
bestemmingswijziging tot wooncomplex voor sociale woningbouw ondergaan. De eerste laag van het diepe bouwblok is benut
voor parkeerplaatsen en bergingen, de tweede voor bedrijfsruim-
tes. Voor de woonlagen daarboven is het hart van het bouwblok
weggenomen, zodat de woningen aan de voor- en achterzijde van
voldoende daglicht kunnen worden voorzien. Op de tweede laag
zijn hierdoor semi-openbare binnenplaatsen ontstaan. De gevels
en de houten vloer- en kapconstructies zijn zo veel mogelijk intact
gelaten. Onder de monumentale houten kap zijn atelierwoningen
en woongroepen ondergebracht.
∎ The Oud Entrepotdok consisting of 84 monumental bonded
warehouses built between 1708 and 1829, has taken on a whole
new lease of life as an apartment complex for social housing. Level
one of the deep block now comprises parking and storage, level
two commercial premises. On all further levels, which contain
housing, the heart of the building was gutted so that the flats at
both back and front would receive sufficient daylight. This intervention has left semi-public internal courts on the second level.
The facades and the old timber floors and roofing have been
retained wherever possible. The space directly beneath the
monumental timber roof now contains studio houses and commu-

130 VERENIGINGSGEBOUW/ASSOCIATION BUILDING
WITTENBURG
Fortuinstraat/Kleine Wittenburgstraat
LOOF & VAN STIGT | 1991-1992
de Architect 1993-7/8

De compositie van dit gebouw bestaat uit drie min of meer autonome deelvolumes, elk met een eigen functie, die bij elkaar worden gehouden door een groot plat dak. De blauwe trommel met
zijn vrijwel gesloten gevel fungeert als zaal voor luidruchtige activiteiten. Een gele houten doos bevat een kleine zaal annex speel-
o-theek en een kamer voor de speeltuinleiding. In een gesloten
bakstenen volume zijn keuken, berging, kleedruimtes en sanitair
ondergebracht. De overdekte ruimte tussen de drie volumes
dient als entree en hal. Het geheel is geplaatst op een verhoogd
plateau dat de beschermde kinderwereld boven het straatgewoel
verheft maar in praktische zin tevens dient als bodemafsluiter voor
de ter plaatse sterk vervuilde grond.
∎ The design constructs three largely autonomous volumes, pulled together by a shared flat roof. The blue drum with its introverted
facade houses the noisier activities, the yellow timber box
contains a modest hall cum games lending facility and a room for
the playground supervisors. Kitchen, storage, changing rooms
and cells for ablutions are shut away in a brick volume; the roofed
space between the three components serves as entrance and lobby. The ensemble sits on a raised platform that lifts this safe world
of play away from the roar of the street. More practically, it separates the whole from the heavily polluted ground beneath.

131 VIERWINDENHUIS
Windroosplein
G.P. FRASSINELLI | 1983-1990
Bouw 1986-1; Bouwproject 1990-2; Archis 1990-11

Dit collectieve woongebouw kwam tot stand dankzij de filosoof
Fons Elders. Het complex is gebaseerd op een kosmologische
ordening en georiënteerd op de Poolster. Elk van de vier hoeken,
waarin zich het merendeel van de gemeenschappelijke voorzieningen bevinden, is gewijd aan een van de oerelementen. Het
complex zou voorwaarden moeten scheppen voor een manier van
wonen die de traditionele verhouding tussen afzondering en contact met medebewoners zou kunnen doorbreken. De architectuur
van het vele malen aangepaste ontwerp biedt uiteindelijk niet
meer dan een spiegel van de Nederlandse kleinschaligheidsmanie
van de jaren zeventig en kon daardoor bij de oplevering in 1990
amper op sympathie rekenen.
∎ The 'house of four winds' is a collective housing block whose
existence is due to the philosopher Fons Elders. Based on a cosmo-
logical arrangement, the complex is oriented to the Pole Star. Each
of the four corners where most of the communal facilities are hous-
ed, is dedicated to one of the Elements. The complex would provide the conditions for a way of life that does away with the traditional
relationship between being alone and enjoying contact with fellow
occupants. The architecture of the design, which has been endless-
ly adapted, ultimately offers little more than a reflection of the
Dutch obsession in the seventies with the small-scale and as such
could hardly expect a sympathetic reception on delivery in 1990.

132 WONINGBOUW/HOUSING WITTENBURG

Bootstraat/Grote Wittenburgerstraat

A. VAN HERK, S. DE KLEIJN | 1982-1984

Wonen-TA/BK 1983-17/18; Architectural Review 1985-1; Bouw 1986-4

Twee getrapte woongebouwen zijn loodrecht op het water geplaatst. Door een onderdoorgang aan de waterzijde blijft de kade begaanbaar. Een van de gebouwen bevat een postkantoor. Het dakterras is voor de bewoners van alle 22 woningen toegankelijk. De architectuur verwijst nadrukkelijk naar de woningbouwtraditie van de Nieuwe Zakelijkheid van architecten als Oud, Duiker en Rietveld.

▪ Two housing blocks step down to the canal and stand at right angles to it. An arcade on the water side preserves circulation along the quay. One block contains a post office, while a roof terrace is open to tenants of all 22 dwellings. The architecture points clearly to the housing tradition of the Nieuwe Zakelijkheid (New Objectivity) of Oud, Duiker and Rietveld.

133 WONINGBOUW/HOUSING

Alexanderkade

ATELIER PRO | 1988-1992

J. Bailey, T. Lyneborg, P. Pinnell, C. Brullmann, A. Tombazis, K. Yagi (proj.)

Bouw 1991-20; Archis 1992-9

Op het terrein van een voormalige kazerne is door Atelier PRO een woningbouwplan ontwikkeld met als belangrijkste kenmerk de halfopen relatie met het water. Een belangrijk onderdeel van het plan zijn zes woontorens gedeeltelijk vrijstaand en gedeeltelijk verwerkt in een gesloten bouwblok. Het bureau nodigde zes buitenlandse architecten uit om elk een toren architectonisch vorm te geven. Deze ontwerpen zijn door Atelier PRO verder uitgewerkt en zo hier en daar behoorlijk versoberd. Het resultaat is van een onnederlandse vrolijkheid, ook al is er van de oorspronkelijke intenties van de betrokken architecten vaak niet meer overgebleven dan een 'gevelplaatje'.

▪ Standing on the site of a former army barracks, this housing scheme proceeds from a plan by Atelier PRO featuring a semi-open relationship with the water. A major component of the plan is six residential towers partly freestanding and partly assimilated in a perimeter block. The practice invited the above six foreign architects to provide the architecture for a tower apiece. These designs were then further fleshed out by Atelier PRO and considerably toned down in places. The result has a thoroughly un-Dutch gaiety, even though all that is left of the invited architects' original intentions is often little more than the two dimensions of a facade.

134 INTERNATIONAAL INSTITUUT VOOR SOCIALE GESCHIEDENIS/INTERNATIONAL INSTITUTE FOR SOCIAL HISTORY

Cruquiusweg 31

ATELIER PRO | 1987-1989

de Architect 1989-11; Bauwelt 1990 p.242; Architectuur in Nederland. Jaarboek 1989- 1990

Een robuust geconstrueerd en functioneel betonnen pakhuis uit 1961 is verbouwd tot archief voor het Internationaal Instituut voor Sociale Geschiedenis. Twee verdiepingen bevatten archiefruimtes; op de onderste lagen zijn naast archieven ook publieksfuncties gehuisvest als receptie, studiezaal, conferentiekamers, expositieruimte, kantine en kantoorruimtes. Hier is het gesloten gebouw zowel door het aanbrengen van glaspuien in de gevels als door het uitsnijden van een vide aan de kantine ruimtelijk geopend.

▪ A sturdily constructed and functional concrete warehouse from 1961 has been converted into an archive store for the International Institute for Social History. The two uppermost levels contain archives only, the lower levels combining them with public functions including a reception area, reading room, conference facilities, exhibition gallery, canteen and offices. Here the otherwise introverted building is spatially opened up as much by copious glazing in the facades as by the void at the canteen.

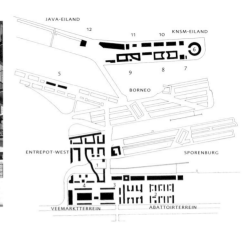

135 WONINGBOUW, STEDEBOUW/HOUSING, URBAN DESIGN OOSTELIJK HAVENGEBIED

KNSM-eiland; Java-eiland; Borneo-eiland, Sporenburg
J.M.J. COENEN; SJ. SOETERS; WEST 8 | 1988-
*AB 1993-5; Archis 1994-1; A. Oxenaar - Jo Coenen, architect, 1994;
E. Koster - Oostelijk havengebied Amsterdam, 1995; B. Lootsma - Adriaan
Geuze West 8, 1995; H. Ibelings - Sjoerd Soeters, architect, 1996*

1. Atelier PRO; 2. Lafour & Wijk; 3. Atelier PRO; 4. Sj. Soeters;
5. F. van Dongen (Architecten Cie); 6. J.M.J. Coenen; 7. CASA;
8. B. Albert; 9. H. Kollhoff; 10. F. & P. Wintermans; 11. W. Arets;
12. J. Crepain

De havens van het oostelijk havengebied zijn aan het eind van de
negentiende eeuw aangelegd ter vervanging van de te kleine
oude havens, die door de aanleg van de spoorlijn bovendien
onbereikbaar waren geworden. In de jaren zestig raakt ook dit
havengebied door de komst van het containervervoer en de
steeds grotere schepen in onbruik. In de jaren tachtig wordt
besloten het gebied geschikt te maken voor woonbebouwing,
waarbij aanvankelijk demping van de havenbekkens wordt voor-
gesteld. Uiteindelijk besluit men de unieke combinatie van land en
water in dat gebied te behouden en de pieren in te richten als
rustige woonenclaves. De eerste woonbebouwing verrijst op het
Entrepotterrein op basis van een stedebouwkundig plan van
Atelier PRO. Een kenmerkend onderdeel van dit plan is het over
het water slingerende woonblok dat PRO zelf ontwierp. Op het
voormalige veemarkt- en abattoirterrein is een bedrijfsverzamel-

terrein en een woonwijk voor ca. 600 woningwetwoningen inge-
richt. Bij het stedebouwkundig plan voor het KNSM-eiland is besloten een gesloten havenfront te ontwikkelen analoog aan de
voormalige kadebebouwing. Coenen ontwerpt een formeel plan
met grote robuuste woongebouwen die aansluiten bij de schaal
van de havens. Enkele te handhaven gebouwen zijn in de structuur van deze grote blokken opgenomen. Zelf nam Coenen de
kop van de pier voor zijn rekening. Voor de pieren Borneo en Sporenburg ontwikkelde het landschapsbureau West 8 een laag-
bouwplan met een dichtheid van 100 woningen per hectare: lange bouwstroken verdeeld in smalle kavels van drie lagen. De zee
van laagbouw zal worden onderbroken door een drietal grote
woongebouwen die een relatie leggen met de grote schaal van
het havengebied. Als reactie op de grote schaal en de formele
stedebouw van het naastliggende KNSM-eiland ontwerpt Sjoerd
Soeters voor het Java-eiland een kleinschalige, afwisselende
stedebouwkundige structuur met dwarsgrachten. Door verschillende architecten aan één bouwblok te laten werken wordt
getracht de afwisseling van de binnenstedelijke grachtenwanden
te bereiken.

■ The harbour basins of Amsterdam's eastern docklands were
dug at the end of the nineteenth century to replace the docks that
had become too small and even inaccessible once the railway had
been laid. In the sixties these docks themselves fell into disuse
with the arrival of container transport and the increasing size of
ships. When it was decided in the eighties to prime the area to

receive housing the first proposal was to fill in the harbour basins.
Ultimately, it was elected to retain the unique combination here of
land and water and transform the piers into tranquil residential
enclaves. The first development graces the Entrepot site,
designed to an urban plan by Atelier PRO. A stand-out feature of
the plan is a housing block by that firm that winds its way across
the water. Occupying the former cattle market and slaughterhouse site is a mixed-use business zone and an estate of some
600 social housing units. Once it had been decided to develop
KNSM Island along the lines of the former quayside development,
Coenen produced a formal urban plan of big beefy apartment
buildings which link arms with the scale of the harbour. Certain
existing buildings earmarked for retention have been woven into
the structure of these large blocks. Coenen himself has designed
the housing on the pier head. For Borneo Island and Sporenburg,
West 8, the landscape office, developed a lowrise scheme packing
100 houses per hectare in long belts of three-storey development
on narrow plots. The sea of lowrise will be interrupted by a trio of
large apartment buildings which are to bridge the gap between
the lowrise and the great scale of the docklands. The sheer size
and formal planning of the nearby KNSM Island is set off on Java
Island by Sjoerd Soeters' small-scale variegated urban structure
interspersed with canals set breadthways. The reason for having
more than one architect work on a single block is to try to attain
the variety found in central Amsterdam's canal frontages.

136 WONINGBOUW/HOUSING
Barcelonaplein
B. ALBERT | 1989-1993
de Architect 1991-2; Bouw 1991-22; Architecture+Urbanisme 1992-11; Items 1994-3; E. Koster - Oostelijk havengebied Amsterdam, 1995

137 WOONGEBOUW/HOUSING BLOCK PIRAEUS
KNSM-laan/Levantkade
H. KOLLHOFF | 1989-1994
Chr. Rapp (medew.)
AB 1994-4; de Architect 1994-5; Bauwelt 1994 p.2518; E. Koster - Oostelijk havengebied Amsterdam, 1995

138 WOONGEBOUW/HOUSING BLOCK
KNSM-laan
W. ARETS | 1990-1995
E. Koster - Oostelijk havengebied Amsterdam, 1995

De hoofdvorm van het woonblok dat de Belg Bruno Albert heeft ontworpen volgt de opzet die Coenen in het stedebouwkundig plan heeft vastgelegd. De naar het classicisme neigende architectuur sluit aan op de klassieke, formele stedebouw van Coenen. Het rechthoekige woonblok is zes bouwlagen hoog. Centraal in deze rechthoek is een cirkelvormig deel van acht bouwlagen opgenomen. Het ronde binnenplein wordt aan de zuidzijde afgesloten door een groot ijzeren hek van kunstenaar Narcisse Tordoir.
■ The apartment building by the Belgian architect Bruno Albert follows in broad lines the layout of Coenen's urban plan. Inclined towards classicism, its architecture weds well with Coenen's 'classic', formal planning. In the centre of the rectangular six-storey block is a circular volume thrusting up eight storeys. The circular inner court it enfolds terminates in a tall iron fence by the artist Narcisse Tordoir.

Dit superblok benadert het meest het zware, industriële karakter van een havengebouw. Het gebouw is als een enorme baksteensculptuur opgevat. Het oorspronkelijke rechthoekige blok is, reagerend op een te handhaven havengebouwtje, een tuin van Mien Ruys en op de aangrenzende bestaande loods en kantine tot een hoekig geheel gekneed en vervormd. Met deze sculpturale behandeling zeggen de ontwerpers te reageren op de Amsterdamse School. De verfijnde detaillering, de fraaie grafische raamindeling en het ondergeschikt maken van de woningplattegronden aan de hoofdopzet ten spijt, mist Piraeus de lichtvoetigheid die zo karakteristiek is voor de Amsterdamse School.
■ This superblok gets the closest to the heavyweight industrial mien of a port building. An enormous brickwork sculpture, the prodigal, rectangular block has been kneaded and moulded into an angular presence in response to a small harbour building to be retained, a garden by Mien Ruys and the nearby existing sheds and canteen. This sculptural approach, the architects claim, is their response to the Amsterdam School. Despite the refined detailing, the fine graphics of the fenestration and the subservience of the floor plans to the main shape, Piraeus fails to achieve the lightness of touch typifying that earlier movement.

Deze uit vier torens bestaande woontoren van Wiel Arets is 61,5 m. hoog en voegt zich naar de rooilijnen van het stedebouwkundig plan van Jo Coenen. Vanaf het via ruime trappen te bereiken semi-openbare voetgangersdek op de sokkel van het gebouw kan het IJ worden waargenomen. Het gevelontwerp kenmerkt zich door een prefab betonnen huid die zich om de gehele bouwmassa vouwt. De wijze van vouwen met diepe insnedes articuleert de vier torens waaruit de massa is opgebouwd. De anthracietkleurige gevelelementen hebben een geruwd oppervlak, in twee richtingen doorsneden met voegen, zodat een vierkantraster met uitgekiend licht- en schaduwspel ontstaat.
■ Four separate towers combine in this 61,5 m tall housing block honouring the building lines of Jo Coenen's urban plan for KNSM Island. Climb the generous stairs to the semi-public pedestrian deck atop the basement of the block and the wates of the IJ stretch out before you. The facade can be identified by its prefabricated concrete skin enveloping the entire mass, with deep incisions articulating the four component towers. A grid of vertical and horizontal joints in the abrasive surface of the anthracite-coloured cladding panels calls into play a sophisticated game of light and shadow.

139 WONINGBOUW/HOUSING SLACHTHUISTERREIN
H. Kropplein, J.M. van der Meylaan
LAFOUR & WIJK | 1987-1989
J. van Berge (medew.)
de Architect 1989-11; Architectural Review 1990-2; Bauwelt 1990 p.1545

In het stedebouwkundig plan van de Amsterdamse Dienst Ruimtelijke Ordening voor het voormalig abattoirterrein waren gesloten bouwblokken aan weerszijden van een centrale as met parkeervoorzieningen getekend. De invulling van de tweede fase van dit plan door Lafour & Wijk karakteriseert zich vooral door transparantie. De gesloten blokken zijn opgebouwd uit grotere en kleinere woonblokjes met een wisselende bouwhoogte. Hierdoor is vanaf de straat, tussen de blokken door, contact met de groene binnengebieden mogelijk. Door het kleur- en materiaalgebruik en door de halfopen verkaveling profiteren de woningen optimaal van de openheid en de bijzondere lichtval die karakteristiek is voor de locatie aan het water.
∎ The urban plan Amsterdam Physical Planning Department drew up for the former slaughterhouse site ranged perimeter blocks along either side of a central axis of parking facilities. Transparency is the operative word when describing the second phase of the plan as fleshed out by Lafour & Wijk. There each block is assembled from larger and smaller components of varying height, held slightly apart to allow contact between the green internal court and the street. The combination of colours, materials and semi-open plot is such that all units profit fully from both the spaciousness and the marvellous play of light so typical of a waterside location.

140 WONINGBOUW/HOUSING ROCHDALE
1e Atjehstraat, Molukkenstraat
J.E. VAN DER PEK | 1912
D.I. Grinberg - Housing in the Netherlands 1900-1940, 1982

Dit vroege voorbeeld van woningen gebouwd volgens de Woningwet van 1902 is tevens een voorloper voor wat betreft zijn stedebouwkundige uitwerking. Het complex omsluit een collectieve binnentuin. Bovendien is het traditioneel gesloten bouwblok aan de korte zijden geopend naar de straat. Het is daardoor een vroeg voorbeeld van strokenbouw, een woningbouwconcept dat door de latere functionalistische architecten verder zou worden uitgewerkt.
∎ This early example of dwellings built in accordance with the Housing Act of 1902 is also a precursor as regards its layout. Enclosed within the complex is a communal garden. Furthermore, the traditional perimeter block is on its short side opened up to the street. This makes it an early example of row housing, a concept to be elaborated further by later, Functionalist architects.

141 BASISSCHOOL/PRIMARY SCHOOL DE EVENAAR
Ambonplein
H. HERTZBERGER | 1984-1986
Domus 1987-4; Architectural Record 1987-7; AB 1988-2; Architecture d'Aujourdhui 1988-6; W. Reinink - Herman Hertzberger, architect, 1990

De school is gebouwd volgens hetzelfde basisprincipe als de scholen aan de Apollolaan (110). De gevels van de lokalen zijn in dit geval gebogen en meer open van karakter. De lokalen op de verdieping zijn gegroepeerd in twee clusters van drie lokalen elk met een eigen 'voorgebied'. Door beide clusters uit elkaar te schuiven ontstond ruimte voor een centraal amfitheater. Opnieuw biedt Hertzberger binnen het beperkte budget voor scholenbouw een enorme ruimtelijke rijkdom en toont hij zich een meester in het detailleren zoals bij de complexe, uit een beperkt aantal standaard staalprofielen opgebouwde trapconstructies.
∎ The school was built according to the same basic principle underlying Hertzberger's Apollo Schools (110). The classroom facades in this case are curved and of a more open character. Those upstairs are grouped in two clusters of three each with its own 'prefatory space'. Dislocating the two clusters created space for a central amphitheatre. Once again Hertzberger managed to achieve a great spatial opulence within the limited budget allotted for building schools, and shows himself to be a master of detail.

142 WONINGBOUW/HOUSING
Pontanusstraat/Pieter Vlamingstraat
L. VAN DER POL | 1990-1992
H.L. Zeinstra (medew.)
de Architect 1992-11; Archis 1992-11; H. Zeinstra - Liesbeth van der Pol, architect, 1993

Op de scherpe hoek van een bestaand bouwblok komen twee nieuwe bouwdelen net niet bij elkaar. De smalle spleet tussen de bouwdelen bevat een doorgaande steektrap die voornamelijk de woningen in het korte blok bedient. Het verschil tussen de bouwblokken is door de materialisering van de gevels versterkt. De woningen in het lange bouwdeel zijn ontsloten door middel van portiektrappen aan de binnenzijde van het bouwblok. Deze brede woningen bezitten een flexibele gebruiksmogelijkheid. Een ten opzichte van de bouwmuren licht gedraaide prefab betonnen balk op betonnen kolommen deelt de woning in twee helften. Onder de balk kunnen naar keuze wanden worden aangebracht.
▪ Occupying a sharp corner of an existing block is this pair of volumes which just fail to meet. The narrow split between the two houses a continuous straight stair mainly serving the units in the short block. The inequality of the two blocks is brought out further by the difference in external materials. The broad flats in the long component can be variously arranged and are reached by stairs rising from porches on the inward-facing side. A slightly rotated prefabricated concrete beam on concrete posts divides the units into two halves, and is able to receive partitions at the occupant's discretion.

143 WONINGBOUW/HOUSING
Wagenaarstraat, 2e van Swindenstraat
DUINKER VAN DER TORRE DUVEKOT | 1987-1988
de Architect 1989-1; Bouw 1989-10; Architecture d'Aujourdhui 1989-12

Deze nieuwbouwinvullingen van historische straatwanden zijn onomwonden referenties aan de traditie van het Nieuwe Bouwen. Veel glas, een pure functionalistische vormgeving en, in de vorm van twee haakse ramen zonder hoekstijl, zelfs een directe verwijzing naar het Rietveld-Schröderhuis. Toch volgen de invullingen ook een aantal van de klassieke principes van hun negentiende-eeuwse buren: de rooilijn wordt strikt gerespecteerd, de gevelopbouw is symmetrisch en kent een verticale driedeling met plint en kroonlijst. Het meest opvallende aspect van deze woningen, van buitenaf onzichtbaar, is de flexibele plattegrond waarbij vanuit een middenkern met sanitaire voorzieningen vier schuifwanden in een molenwiekpatroon bewegen.
▪ These new-build infills set in historical street elevations are candid references to the Modern tradition; masses of glass, a design entirely dictated by function and even a mullionless corner window à la Rietveld-Schröder. For all that, the infills adopt several of the classic principles governing their nineteenth-century neighbours, strictly adhering to the building line and having a symmetrical facade composition and vertical tripartition including plinth and cornice. The most striking feature of these flats is invisible from outside, namely the flexible floor plan whereby four partitions set in a millwheel configuration, slide out from a central core of sanitary facilities.

144 WIJKCENTRUM/DISTRICT CENTRE TRANSVAAL
DanieTheronstraat/Ben Viljoenstraat
P.B. DE BRUIJN, R. SNIKKENBURG | 1970-1975
Wonen-TA/BK 1976-20; AB 1991-9

Dit neoconstructivistische poortgebouw bevat een aantal buurthuisfuncties en een grote zaal. Door gevels van glazen bouwstenen is een vrijwel transparant blok tussen twee stenen blokken met voorzieningen ontstaan. Het gebouw heeft een betonskelet; de ruimtes zijn op diverse manieren indeelbaar met een montagewandsysteem. Een stalen zaagtandoverkapping met transparante golfplaten overdekt een voorplein en vormt samen met de zaal een poort. De weinig vandaalbestendige, 'laagdrempelige' architectonische opzet en materiaalkeuze heeft in de praktijk tot de nodige problemen geleid.
▪ This Neo-Constructivist portal building houses various community centre activities and a large hall. Glass brick fronts help create a near-transparent bridge between two brick blocks of services. Within a concrete frame the spaces are variously subdivisible using a partition assembly system. A steel sawtooth roof with transparent corrugated sheets shelters a forecourt and forms a portal together with the hall. The physically accessible architecture, an open invitation to vandalism, and the choice of materials have brought their fair share of headaches.

145 AMSTELSTATION
Prins Bernhardplein 9
H.G.J. SCHELLING | 1939
P. Alma, Th. van Reijn (b.k.)
Bouwkundig Weekblad 1938 p.205; Werk 1946 p.262; Architectural Review 1948 p.210

De opzet van het Amstelstation is zodanig dat het overschakelen van trein op stadsvervoer (bus en tram) zo soepel mogelijk verloopt. Hiervoor zijn onder meer grote luifels aan beide zijden van de stationshal aangebracht die de hoofdentrees aanduiden en die een droge overtocht mogelijk maken. De grote rechthoekige stationshal is loodrecht op de richting van de sporen geplaatst en benadrukt daarmee de doorgang onder de sporen naar de Berlagebrugzijde. De hoge hal is voorzien van grote glasvlakken in de langsgevels. De gesloten kopgevels zijn voorzien van enorme wandschilderingen van Peter Alma op het thema spoorvervoer.

▪ The station's layout is such that passengers may change from train to urban transport (bus or tram) and vice versa, with the greatest of ease. This is effected in part by large awnings set on either side of the station hall to mark the main entrances and keep travellers dry. The huge rectangular hall is set at right angles to the train rails, underlining the passages below the rails to the Berlage Bridge side. Large glass surfaces open up its long sides; the introverted head elevations for their part are graced with enormous murals by Peter Alma on the theme of rail transport.

146 REMBRANDT TOWER
De Omval
ZZ&P | 1989-1995
P.J. de Clercq Zubli (proj.)
Bouw 1992-20; AB 1994-6/7

Deze 115 m. hoge kantoortoren, het startpunt van het stedebouwkundig plan voor De Omval, is eigenlijk alleen om stedebouwkundige en technische redenen interessant. De voor Amsterdam ongekende hoogte betekent een keerpunt in het denken over hoogbouw nabij de binnenstad. Het ontwerp kon pas worden gerealiseerd nadat omstandig was aangetoond dat de toren nooit op, maar steeds naast de belangrijke zichtassen van de stad staat. Technisch is de toren van belang door de constructiewijze: een stijve betonkern met daaromheen een stalen draagconstructie met zogenaamde staalplaatbetonvloeren, een verrijking binnen de door beton gedomineerde hoogbouw in Nederland.

▪ This 115 m. tall office tower is the first step in the urban plan for De Omval, and is in fact only interesting from an urbanistic and technical point of view. As the tallest building in Amsterdam, it constitutes an about-turn in ideas on high-rise close to the city centre. The design could only be realized once it had been elaborately proved that the tower is sited off all Amsterdam's major sight lines. On the technical front, the important feature is the construction: a burly concrete core surrounded by a steel structure supporting concrete floor slabs with steel-plate reinforcement. It adds a new structural solution to the concrete-dominated world of Dutch high-rise.

147 PENITENTIAIR CENTRUM/PRISON COMPLEX OVER-AMSTEL
H.J.E. Wenckebachweg 48
J.W.H.C. POT, J.F. POT-KEEGSTRA | 1972-1978
de Architect 1979-5; Wonen-TA/BK 1981-15

Vanuit het rechthoekige hoofdgebouw van dit gevangeniscomplex, beter bekend als de Bijlmerbajes, verbindt een 250 m. lange centrale gang zes cellentorens: vier torens van tien lagen met mannencellen, een vrouwentoren en een toren met observatie-, begeleidings- en ziekenruimtes. De torens sluiten met een laagbouwgedeelte, waarin werkplaatsen zijn opgenomen, aan op de vijf meter hoge omringende muur. Tussen de torens bevinden zich wandeltuinen en sportvelden.

▪ Extending from the rectangular main building of this penitentiary complex, known as the Bijlmerbajes (Bijlmer Nick) is a 250 m. long central corridor linking six blocks: four of ten storeys for men, one women's block and one for observation, counselling and sick bays. These blocks connect via a low-rise section of workshops with the five metre high surrounding wall. Between the blocks are gardens with pathways and sport fields.

148 WONINGBOUW, STEDEBOUW/HOUSING, URBAN
DESIGN FRANKENDAEL
Maxwellstraat, Lorentzlaan e.o.
MERKELBACH & KARSTEN, MERKELBACH & ELLING |
1947-1951
M.A. Stam (medew.)
Forum 1952 p.187; La Technique des Traveaux 1952 p.153

Een ontwerp voor strokenbouw uit 1939 wordt, met uitzondering
van enkele blokken van particuliere bouwers, gewijzigd in open
hovenbouw. De basiseenheid bestaat uit twee L-vormige blokken
laagbouw rond een hof met speelplaats en groen waarbij alle
woningen een tuin op het zuidwesten en een entree op het noord-
oosten hebben. Naast 396 eengezinswoningen, 'tijdelijk' gesplitst
als zgn. duplexwoningen, bestaat de wijk uit villa's, enige voorzieningen als scholen en winkels en veel openbaar groen.
∎ A design for row housing made in 1939 was, with the exception
of a few row blocks privately built, recast using the 'open court'
principle. The basic unit consists of two L-shaped low-rise blocks
around a court with playground and greenery, all dwellings having
a garden facing south-west and a north-east entrance. Besides
396 family dwellings split 'for the time being' into duplex units, the
district consists of villas, a few facilities such as schools and shops,
and much public green space.

149 WONINGBOUW, STEDEBOUW/HOUSING, URBAN
DESIGN VENSERPOLDER
Venserpolder
C.J.M. WEEBER | 1980-1982
*de Architect 1984-5, 1984-10; Architectural Review 1985-1; E. Taverne -
Carel Weeber, architect, 1990*

Evenals het IJ-plein (053), dat gelijktijdig wordt gerealiseerd, is het
stedebouwkundig plan voor de Venserpolder een reactie op de
door veelvormigheid en angst voor het grote gebaar gekarakteriseerde stedebouw van de jaren zeventig. Eén kwartrond en zestien rechthoekig gesloten woningblokken die op de hoeken zijn
afgeschuind zijn geplaatst op een rechthoekig grid van brede
straten. De groene binnenhoven zijn openbaar. Belangrijkste
gebouwen zijn het dubbelgrote bouwblok van Weeber zelf en het
zorgvuldig gedetailleerde blok van De Kat & Peek (Charlotte
Brontëstraat/Chestertonlaan) met atelierwoningen op de afgerond-
de hoek.
∎ Like the IJ-plein (053) built at the same time the urban design
masterplan for the Venserpolder was a reaction to seventies urban
development characterized by multiformity and a fear of grand
statements. Perimeter blocks of housing, sixteen rectangular with
splayed corners and one quadrant-shaped, stand within a grid of
broad streets. Green inner courts are public. The major buildings
of Venserpolder are the double-sized housing block by Weeber
himself and the sensitively detailed block by De Kat & Peek (corner of Charlotte Brontëstraat and Chestertonlaan) with its studio
houses at the rounded corner.

150 WONINGBOUW, STEDEBOUW/HOUSING, URBAN
DESIGN BIJLMERMEER
Bijlmermeer
DIENST STADSONTWIKKELING | 1962-1973
*Wonen-TA/BK 1974-15, 1979-19; Architecture d'Aujourdhui 1976-sep/oct;
Bouw 1983-2; E. Verhagen - Van Bijlmermeer tot Amsterdam Zuidoost,
1987; M. Mentzel - Bijlmermeer als grensverleggend ideaal, 1989*

De laatste grootschalige uitbreiding van Amsterdam, waar met de
'stedebouwfilosofie van 1930 en de technische hulpmiddelen van
1965 een stad voor het jaar 2000' werd gebouwd. Identieke
hoogbouwschijven in honingraatpatroon zijn geplaatst in een
parklandschap, doorsneden door verkeerswegen en metro.
Reeds tijdens de bouw overheerst kritiek en negatieve publiciteit
en vanaf het begin wordt de wijk geplaagd door leegstand en van-
dalisme. Vele optimistische voorstellen en opknapbeurten ten
spijt besluit men uiteindelijk tot renovatie van de collectieve bin-
nenruimtes en gedeeltelijke sloop van de probleemflats.
∎ This was the last of Amsterdam's large-scale developments, in
which the 'urban design philosophy of 1930 and technical know-
how of 1965' were to produce 'a city for the year 2000'. Identical
high-rise slabs in a honeycomb pattern stand amidst parkland
intersected by main roads and a Metro. Already during building
there was criticism and negative publicity in abundance and from
the beginning this overspill development has been plagued by
disuse and vandalism. Many optimistic proposals and sprucings-
up later, it was finally decided to renovate the communal internal
courts and partly demolish the most troublesome flats.

151 WONINGBOUW, STEDEBOUW/HOUSING, URBAN
DESIGN BETONDORP
Duivendrechtselaan, Onderlangs, Middenweg, Zaaiersweg
DIVERSE ARCHITECTEN | 1921-1928
*Bouwkundig Weekblad 1925 p.176; Forum 1965/66-5/6; Stichting Wonen
- Betondorp, gebouwd/verbouwd 1923-1987, 1987; M. Kuipers - Bouwen
in beton, 1987*

1. H.F. Mertens - Isotherme; **2.** J.H. Mulder - Winget;
3. H.W. Vals - Olbertz; **4.** J. Hulsbosch - Kossel; **5.** D. Roosenburg - Non-Plus;
6. W. Greve - Korrelbeton; **7.** J.B. van Loghem - Bims Beton;
8. J. Gratama - Hünkemoller; **9.** D. Greiner - Bron; **10.** D. Greiner - Korrelbeton

Als in het begin van de jaren twintig de woningnood in
Amsterdam tot een tekort van 20.000 eenheden is gestegen,
schrijft de Gemeente in de persoon van de directeur van de
Gemeentelijke Woningdienst, ir. A. Keppler, een prijsvraag uit
voor geprefabriceerde woningtypes die in het landelijk gebied
Watergraafsmeer gebouwd moeten worden. De tien uiteindelijke
winnaars gebruiken acht verschillende systemen die alle gebaseerd zijn op het gebruik van beton. Hieraan dankt de wijk zijn
meer gebruikelijke naam: Betondorp. De systemen maken ofwel
gebruik van gestandaardiseerde bekistingen, of van geprefabriceerde wandelementen of van betonblokken. Tussen 1923 en
1928 zijn 900 woningen gebouwd. Het stedebouwkundig plan en
de bebouwing rond het centrale plein, de Brink, zijn van architect
D. Greiner. Rond de Brink bevinden zich enige grotere woningen,

winkels, een bibliotheek en een verenigingsgebouw. Een tweede
opmerkelijk project vormen de woningen aan de Schoovenstraat
en de Graanstraat van J.B. van Loghem. In tegenstelling tot de
decoratievere architectuur van de overige bouwers schroomt Van
Loghem niet om het functionele uitgangspunt in het uiterlijk van
de strakke gevels tot uiting te laten komen. In de tableaus boven
de entrees van de woningen zijn abstracte decoraties opgenomen
(inmiddels verdwenen). De stroken met de markante hogere
bebouwing ter plaatse van de toegangsstraten tot de wijk, langs
het Onderlangs, zijn van W. Greve. In 1979 besluit de gemeente
Betondorp te herstellen. Door gebruik te maken van gestucte buitengevelisolatie is het oorspronkelijke uiterlijk grotendeels behouden gebleven. De tegeltableaus in de woningen van Van Loghem
zijn vervangen door nieuwe van Harmen Abma. De bebouwing
aan de Brink is door Onno Greiner (de zoon van de oorspronkelijke architect) en M. van Goor gerenoveerd. Betondorp genoot ook
enige faam vanwege zijn bewoners, voornamelijk communisten
en socialisten, die dan ook geen café in hun 'dorp' toelieten.
Meerdere wetenschappers en schrijvers hebben hun jeugd in
Betondorp doorgebracht en wellicht gevoetbald met een andere
beroemde zoon: Johan Cruijff.

▪ At the beginning of the twenties, when the housing shortage in
Amsterdam rose to 20,000, the Municipality in the person of
Housing Agency director A. Keppler organized a competition for
prefabricated housing types, to be built in the rural area of
Watergraafsmeer. The ten eventual winners made use of eight different systems all based on the use of concrete, hence the estate's
more usual name: the Betondorp (Concrete Village). These systems used either standardized formwork, prefabricated wall elements or concrete block. Between 1923 and 1928 900 units were
built. The urban design masterplan and the buildings around the
central square, the Brink, are the work of architect D. Greiner.
These buildings comprise a few houses, shops, a library and a 'village hall'. A second project of note is the housing on Schoovenstraat and Graanstraat designed by J.B. van Loghem. As opposed
to the more decorative architecture of the other builders Van
Loghem did not hesitate to express the blocks' functional basis in
their taut facades. The abstract designs originally above the
entrances have since disappeared. The rows of striking, taller
access roads meet the estate, along Onderlangs,
are by W. Greve. In 1979 the Municipality elected to restore the
Betondorp. The decision to use rendered external thermal insulation has left most of the exterior in its original state. The tile
designs in Van Loghem's houses have been replaced by new ones
designed by Harmen Abma. The buildings around the Brink have
been renovated by Onno Greiner (son of their original architect)
and M. van Goor. The Betondorp also attained a certain celebrity
because of its inhabitants, mainly Communists and Socialists who
would not allow a public house in their 'village'. More than one
scientist and writer spent their youth here and maybe even played
football with another of its famous sons, Johan Cruijff.

152 KANTOORGEBOUW/OFFICE BUILDING RANDSTAD
Dubbelinkdreef
W.G. QUIST | 1987-1990
AB 1990-8; A. van der Woud - Wim Quist Projecten/Projects 87-92, 1992

Het dienstverlenende bedrijf Randstad zocht een architect die de bedrijfsstijl in het ontwerp voor haar nieuwe kantoorpand kon verwerken. Dit 'Randstadgevoel' komt onder meer tot uiting in de mate waarin is gezorgd voor een gezond fysisch milieu en in de zakelijke maar uiterst verzorgde detaillering van het gebouw. De compositie van de gebouwdelen wordt bepaald door de standaardkantoorschijf die door de scherpe afschuining aan de einden en het overhoeks geplaatste aparte volume van de liftschacht juist voldoende spanning krijgt. De gevraagde openheid komt vooral tot uiting in het interieur van het door een ronde vide verbonden semi-openbare gebied op de eerste en tweede verdieping.
▪ The Randstad service company sought an architect able to process its corporate image in the design for its new premises. This 'Randstad philosophy' is expressed in the architect's fine focus on a healthy physical climate and the functional though extremely sensitive detailing. The composition of volumes is dominated by the standard office slab which nonetheless achieves the right degree of tension through its rigorously chamfered ends and the separate volume of the lift tower set obliquely to it. The openness called for in the brief is best expressed inside, in the semi-public zone on the first and second floors linked as these are by a void.

153 WOONTORENS/BLOCKS OF FLATS
Gouden Leeuw, Groenhoven, Bijlmerdreef
J. VAN STIGT | 1970-1975
Wonen-TA/BK 1974-16; Bouw 1977 p.183

Het plan bestaat uit achttien onderling gekoppelde woontorens die vanuit een portiek worden ontsloten. De in hoogte van vier tot zes lagen variërende torens zijn op de begane grond verbonden door glazen wandelgangen waarlangs de entrees, collectieve voorzieningen en kinderspeelplaatsen zijn gesitueerd. De basisplattegrond van de torens wordt gevormd door vier in een molenwiekconfiguratie rond de centrale trap/lifthal geschakelde vierkanten. Elk vierkant bevat één grote of twee kleinere woningen.
▪ Varying in height between four and six levels these eighteen blocks of porch-access flats are interlinked on the ground floor by glazed passages along which are the entvances, communal facilities and play areas. Each block consists of a group of four linked squares placed millwheel-fashion around a central vertical circulation core. Each square contains one large or two smaller dwellings.

154 AMSTERDAM ARENA
Holterbergweg
GRABOWSKY & POORT | 1992-1996
R. Schuurman (proj.), Sj. Soeters (medew.)
de Architect 1993-53; T. Tummers - Architectuur aan de zijlijn, 1993; H. Ibelings - Sjoerd Soeters, architect, 1996

Dit nieuwe stadion met een capaciteit van 50.000 plaatsen ter vervanging van het Olympisch Stadion (106) en het stadion De Meer is ook bruikbaar voor popconcerten en manifestaties. Het gebouw is over een weg gebouwd. De hiervoor onder het gebouw geplaatste gigantische betonnen plaat vormt op natuurlijke wijze een parkeergarage, het zgn. transferium. Het door een ingenieursbureau ontworpen gebouw is geheel uit geprefabriceerd gewapend beton geconstrueerd, waarbij grote aandacht is besteed aan de scheiding van rivaliserende supportersgroepen, gewone toeschouwers en vips. Twee enorme gebogen stalen liggers dragen een beweegbaar glazen schuifdak.
▪ This new stadium with a capacity of 50,000 to replace the Olympic Stadium (106) and the De Meer Stadium is also suitable for rock concerts and other events. The building straddles a main road; the gigantic concrete supporting slab required to do so provides natural parking facilities, or rather a 'transferium'. Designed by a civil engineering firm the building consists entirely of prefabricated reinforced concrete, with much thought given to the distinction between groups of rival supporters, ordinary football fans and VIPs. Two enormous curved steel spans bear aloft a glass roof that can be slid open and shut.

155 HOOFDKANTOOR/HEAD OFFICE NMB
Hoogoorddreef
ALBERTS & VAN HUUT | 1979-1987
de Architect 1987-7/8; AB 1987-9; Bouw 1987-5, 1988-21; Archis 1988-1;
Architectuur in Nederland. Jaarboek 1987-1988

In 1978 besluit de NMB (thans ING) tot de bouw van een nieuw hoofdkantoor. Na een voorselectie wordt de opdracht verrassenderwijs verstrekt aan de om zijn organische gebouwen en antroposofische ideeën bekendstaande architect Ton Alberts, die voordien voornamelijk woningbouw en kleinere sociaal-culturele projecten heeft gerealiseerd. Het uiteindelijke resultaat is een uniek bouwwerk, architectonisch, bouwfysisch en sociaal, dat zijn gelijke niet kent in de wereld. In de vakwereld wellicht met scepsis bekeken, maar door het grote publiek wordt deze sprookjesachtige 'burcht' hogelijk gewaardeerd. Uitgangspunten in het programma van eisen zijn functionaliteit, flexibiliteit en energiezuinigheid. Het traditionele bankimago van degelijkheid en traditie heeft een compleet nieuwe uitdrukking gekregen. Het gebouw bestaat uit tien op de begane grond door een binnenstraat verbonden torenachtige clusters van verschillende hoogte. Vijf werkeenheden van 88 m² en enige vergaderruimte rond een vide vormen een kantoorverdieping in zo'n cluster. Op de verdiepingen zijn de clusters gescheiden door liften en noodtrappenhuizen. De vrije, schuine vormen in het in- en exterieur zijn het uitgangspunt van de ontwerper die meent dat mensen hierdoor vrijer en creatiever kunnen werken. Ze zijn echter ook functioneel bij de daglichttoetreding, de vermindering van het verkeersgeluid en voor

de binnenakoestiek. De vormen zijn voorts constructief logisch en het zware massieve binnenspouwblad speelt een belangrijke rol in de energiehuishouding als accumulator. De ramen zijn relatief klein. Ondanks het feit dat het gebouw qua energiezuinigheid niet geheel aan de hooggespannen verwachtingen voldoet is het energieverbruik toch zeer laag. De algemene voorzieningen liggen aan de binnenstraat. In het interieur zijn natuurlijke materialen als natuursteen en hout toegepast. Elke vide heeft een andere kleur; waterpartijen en planten bepalen hier de sfeer. De beeldende kunst is zoveel mogelijk in het gebouw geïntegreerd. Het gebouw bevat 34.000 m² kantoorruimte voor 2.500 medewerkers. Onder het gebouw bevinden zich twee parkeerlagen. In het exterieur is voornamelijk baksteen toegepast, gecombineerd met bruine prefabbetonnen lateien en blauwe aluminium ramen. De daken zijn van koper. Opmerkelijk zijn de medaillonvormige dakramen.

▮ In 1978 the NMB (now ING) bank decided to build a new headquarters. After a preliminary selection, the commission amazingly went to the architect Ton Alberts, famous for his organic buildings and anthroposophical ideas, whose work had until then been largely confined to housing and small-scale social and cultural projects. The final result is a unique building whether in terms of architecture, services or social set-up; there is nothing like it anywhere. Regarded sceptically by colleagues and critics it may be, but the public at large has a high regard for this 'fairytale castle'. The brief's main points of departure were that the building be functional, flexible and energy-efficient. The traditional bank image of respectability and a sense of tradition were never expressed like this before. The building consists of ten tower-like clusters of

unequal height, linked at ground level by an internal street. In each cluster, an office floor comprises five work units of 88 m² and so much meeting space about a void. Upstairs the clusters are separated by lifts and emergency stairs. The free, oblique forms inside and out are the very nub of the design, in the architect's view helping the building's users to be freer and more creative in their work. These shapes, though, are also functional as regards receiving daylight, reducing traffic noise and improving internal acoustics. The forms are, besides, structurally logical and the heavy, solid inner leaf of the cavity wall is in its role of accumulator, a major contributor to energy efficiency. The windows are relatively small. Even though the energy efficiency in fact falls somewhat short of the ambitious expectations, the actual energy used is extremely low all the same. The general facilities are ranged along the internal street. Natural materials such as stone and wood are exploited in the interior. Each void has its own colour; here water features and plants dictate the ambience, with artworks fully integrated into the building. Beneath the NMB building, which boasts 34,000 m² of office space for 2,500 bank officials, are two levels of parking space. Outside, the cladding is predominately brick combined with brown prefabricated concrete lintels and blue aluminium window frames. Exceptional even for this building are the lozenge-shaped windows in the copper roof.

156 HOOFDKANTOOR/HEAD OFFICE KBB
Bijlmerdreef
OD 205 | 1975-1982
J.L.C. Choisy, B.H. Daniels, J.E.B. Wittermans (proj.)
de Architect 1982-9

In dit complex zijn het hoofdkantoor en de dochtermaatschappijen en van het warenhuisconcern De Bijenkorf in verschillende gebouwdelen ondergebracht. Een neutrale basisstructuur maakt specifieke invullingen van de verschillende programma's en veranderingen tijdens de gefaseerde bouwtijd mogelijk. De buiten de gevel geplaatste prefabkolommen demonstreren de interne zonering van kantoor- en verkeersruimtes. Voor zijn kunstwerk van twee kussende kassalinten heeft Jeroen Henneman de Staalprijs ontvangen.

■ Accommodated within different volumes of this block are the head office and subsidiary companies of the department store concern De Bijenkorf. A neutral basic structure enabled programmes to be added and alterations made during the phased building process. Prefabricated columns placed outside the envelope illustrate the internal zoning of office and circulation spaces. For his sculpture of two kissing cash-register tapes Jeroen Henneman received the Staalprijs, an award for work in steel.

157 WONINGBOUW/HOUSING HOPTILLE
Foppingadreef
K. RIJNBOUTT (VDL) | 1975-1982
E. Meisner, Sj. Soeters (medew.)
de Architect 1982-5

Een middengebied met kleine blokjes eengezinswoningen wordt afgeschermd door twee parkeergarages langs de Foppingadreef en een 300 m. lang woningblok van vijf verdiepingen. De vier- en vijfkamerwoningen in het lange blok worden grotendeels ontsloten vanuit een middencorridor op de tweede verdieping. De woningen bestaan telkens uit een entreegebied en slaapkamers op de corridorlaag met een woon/slaapverdieping daaronder of daarboven.

■ A central zone containing small blocks of housing is screened on one side by a pair of two-storey carparks along Foppingadreef and on the other by a 300 m. long housing block five storeys high. Four- and five-room units in the long block are reached mainly from a central corridor on the second floor and consist of an entrance zone and bedrooms on the corridor level, with a living/sleeping level either above or below.

158 WOONWARENHUIS/DEPARTMENT STORE IKEA
Hullenbergweg 2
J. BROUWER | 1983-1985
AB 1985-4

Ter vergroting van de parkeergelegenheid is deze meubelsupermarkt een verdieping opgetild; de winkel bereikt men via een zwaar uitgevoerde hellingbaan. De constructie, gebaseerd op de parkeermaat van een auto, bestaat uit een betonskelet met voorgespannen vloeren en een stalen dak. Door de gevelkolommen ook in staal uit te voeren, door kleurgebruik en door opmerkelijke details als de hellingbaan en stabiliteitsverbanden ontstaat een hightechuiterlijk.

■ To allow more parking space this furniture supermarket is raised one storey, the sales department being reached by a weighty ramp. The structure, based on the parking space for one car, consists of a concrete frame with pre-stressed floor slabs and a steel roof. With the elevation columns also of steel, the use of colour and such notable details as the ramp and exposed trusses the exterior has a High-Tech look.

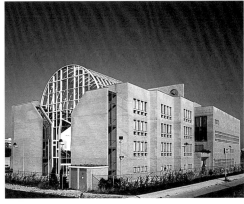

159 KANTOORGEBOUW, LABORATORIUM/OFFICES, LABORATORY EUROCETUS

Paasheuvelweg 30

D. BENINI | 1987-1989

de Architect 1989-9; l'Arca 1990-4; Bouw 1990-20;

Met zijn verfijnd gedetailleerde, decoratieve, geprefabriceerde baksteengevels vormt dit gebouw een uitzondering in deze door schaalloze glastorens gedomineerde kantorenwijk. De Italiaanse architect Benini verwerkt in dit gebouw invloeden van zowel Berlage als van zijn leermeester Carlo Scarpa. Kantoren met een open verspringende gevel en laboratoria ter plaatse van de meer gesloten gevels zijn elk in een eigen vleugel gegroepeerd langs een passageachtige binnenruimte die wordt afgesloten door een glazen tongewelf.

∎ With its exquisitely detailed, decorative, prefabricated brick facades the building forms an exception in this office area dominated by scaleless glass towers. The Italian architect Benini incorporates in this building the influence both of Berlage and of Benini's mentor Carlo Scarpa. Offices with an open, staggered front and laboratories at the more introverted facades are ranged, each in its own wing, along a passage-like interior space enclosed by a glass barrel vault.

160 ACADEMISCH MEDISCH CENTRUM/ACADEMIC MEDICAL CENTRE

Meibergdreef 9

DUINTJER, ISTHA, KRAMER, VAN WILLEGEN; D. VAN MOURIK | 1968-1981

de Architect 1981-9

Met 9.000 gebruikers, 850 bedden, een inhoud van 1,3 miljoen m³ en een programma van eisen van 80 boekdelen vormt dit een van de grootste gebouwen van Europa. De enorme bouwdelen zijn eenvoudig geordend in de driedeling: onderwijs, verpleging en onderzoek. Tussen de bouwdelen lopen passages van een travee breed (7,80 m.). De hoge beddetorens zijn alternerend geplaatst, waardoor hoge binnenpleinen van 30 x 30 m. zijn ontstaan. De architectuur van het gebouw is ondergeschikt aan het in beton gegoten organisatieschema.

∎ With a population of 9,000, 850 beds, a total capacity of 1,300,000 m³ and a brief consisting of 80 volumes this medical centre is one of Europe's largest buildings. Its enormous building parts are simply arranged into three categories: education, research and treatment. Connecting the parts are passages the width of one bay (7.80 m.). High towers containing beds alternate to create lofty inner courts of 30 x 30 m. The building's architecture is subordinate to the poured-concrete organizing structure.

161 SOCIAAL-CULTUREEL CENTRUM/SOCIAL AND CULTURAL CENTRE DE OMVAL

Ouddiemerlaan 104

SJ. SOETERS | 1989-1991

de Architect 1992-1; Architectural Review 1992-3; Bauwelt 1992 p.794; Architectuur in Nederland. Jaarboek 1991-1992; H. Ibelings - Sjoerd Soeters, architect, 1996

De door criticus Ruud Brouwers ooit als 'stoutste jongentje van de Nederlandse architectuur' gekarakteriseerde Soeters kan het opnieuw niet laten de dingen licht te kantelen. Aan de ogenschijnlijk willekeurige opbouw ligt een gedegen analyse ten grondslag. De twee hoofdvolumes van het plan nemen de verschillende richtingen van de omgeving in zich op en geven een aanzet tot een betere ruimtelijke definitie van deze omgeving. Het programma van eisen is verdeeld over twee bouwvolumes: een ruitvormig volume met een zaal op een kantoorlaag en een gekanteld, opgetild blok met verenigingszalen en cursusruimtes aan de voorzijde.

∎ Once described by the critic Ruud Brouwers as 'the naughtiest boy in Dutch architecture', Soeters it seems can never refrain from tilting a plane or two in his designs. This seemingly haphazard building is founded on a thorough analysis of the site. Its two principal volumes assimilate the various directional lines in the surroundings and provide a springboard towards properly defining these surroundings. The brief called specifically for two volumes, a lozenge placing a hall atop a floor of offices and at the front a tilted, raised block of rooms for societies and evening classes.

Literatuur/Bibliography

Algemeen Uitbreidingsplan Amsterdam 50 jaar, Amsterdam, 1985

Architecture Vivante, L', l'ecole d'Amsterdam, 1926-1

Bakker, M.M., F.M. van de Poll, - *Architectuur en stedebouw in Amsterdam 1850-1940*, Zwolle, 1992

Berkelbach, C., e.a., - *Architectuurkaart/Architectural Map Amsterdam*, Amsterdam, 1991

Boer, W. de, P. Evers, - *Amsterdamse bruggen 1910-1950*, Amsterdam, 1983

Casciato, M., - *La Scuola di Amsterdam/De Amsterdamse School*, Bologna/Rotterdam, 1987/1991

Casciato, M., F. Panzini, S. Polano, - *Architektuur en Volkshuisvesting, Nederland 1870-1940*, Milano/Delft, 1980

Derwig, J., E. Mattie - *Amsterdamse School*, Amsterdam, 1991

Gemeentelijke Dienst Volkshuisvesting - *Amsterdam/Wonen 1900-1975*, Amsterdam, 1975

Gemeentelijke Dienst Volkshuisvesting - *Sociale Woningbouw in Amsterdam 68-86*, Amsterdam, 1986

Grinberg, D.I. - *Housing in the Netherlands, 1900-1940*, Delft, 1982

Haagsma, I., H. de Haan - *Amsterdamse gebouwen 1880-1980*, Utrecht, 1981

Haagsma, I., H. de Haan - *Stadsvernieuwingsgids van Amsterdam. Vooroorlogse wijken toen en nu*, Amsterdam, 1985

Het Nieuwe Bouwen - Amsterdam 1920-1960, Delft, 1983

Kemme, G. (red.) - *Amsterdam architecture: a guide*, Amsterdam, 1987

Kloos, M. - *Amsterdam Architecture 1991-93*, Amsterdam, 1994

Kuippers, M.C. - *Jongere Bouwkunst. Amsterdam binnen de Singelgracht (1850-1940)*, Zeist, 1984

Michel, H., A. Mulder - *Architectuurwandelingen langs Amsterdamse Sociale Woningbouw, zes kaarten*, Nijmegen, 1985

Nederlandse Architectuur, 1910-1930, Amsterdamse School, Amsterdam, 1975

Paulen, F. (red.) - *Atlas Sociale Woningbouw/The Amsterdam Social Housing Atlas*, Amsterdam, 1992

Rebel, B. - *Het Nieuwe Bouwen, het Functionalisme in Nederland 1918-1945*, Assen, 1983

Rossem, V. van - *Het Algemeen Uitbreidingsplan van Amsterdam. Geschiedenis en ontwerp*, Rotterdam, 1993

Roy van Zuidewijn, H.J.F. de - *Amsterdamse Bouwkunst 1815-1940*, Amsterdam, 1969

Sherwood, R. - *Modern Housing Prototypes*, Cambridge (Mass.)/London, 1978

Vriend, J.J. - *Amsterdamse School*, Beeldende Kunst en Bouwkunst in Nederland, Amsterdam, 1970

Wattjes, J.G. - *Amsterdam's Bouwkunst en Stadsschoon 1306-1942*, Amsterdam, 1943

Wit, W. de (red.) - *The Amsterdam School, Dutch Expressionist Architecture, 1915-1930*, Cambridge (Mass.), 1983

Chronologisch register/Chronological Index

010 Postkantoor/Magna Plaza C.H. PETERS 1893-1899

020 Kantoorgebouw Diamantbewerkersbond H.P. BERLAGE 1898-1900

036 American W. KROMHOUT, G.J. JANSEN 1898-1902

001 Koopmansbeurs H.P. BERLAGE 1884-1903

008 Levensverzekeringsbank G. VAN ARKE 1904-1905

042 Hillehuis M. DE KLERK 1911-1912

140 Woningbouw Rochdale J.E. VAN DER PEK 1912

002 Scheepvaarthuis J.M. VAN DER MEY 1912-1916

119 Amsterdam-Zuid H.P. BERLAGE 1915-1917

052 Woningbouw Eigen Haard M. DE KLERK 1913-1920

015 Tuschinski Theater H.L. DE JONG 1918-1921

122 De Dageraad M. DE KLERK, P.L. KRAMER 1919-1922

124 Woningbouw M. DE KLERK 1921-1922

125 Woningbouw M. STAAL-KROPHOLLER 1921-1922

044 Woningbouw J.C. VAN EPEN 1919-1923

045 Woningbouw J.F. STAAL 1922-1924

063 Tuindorp Oostzaan B.T. BOEYINGA 1922-1924

069 Publieke Werken P.L. MARNETTE 1924

027 Tropeninstituut M.A. & J. NIEUKERKEN 1911-1925

041 Eigen Woonhuis J. DE BIE LEUVELING TJEENK 1925

031 Nederlandsche Handel-Maatschappij K.P.C. DE BAZEL 1919-1926

081 Woningbouw H.TH. WIJDEVELD 1923-1926

079 Plan West J. GRATAMA, G. VERSTEEG, A.R. HULSHOFF 1922-1927

043 Huize Lydia J. BOTERENBROOD 1922-1927

126 Vergadergebouw BRINKMAN & VAN DER VLUGT 1925-1927

080 Woningbouw, Winkels H.P. BERLAGE 1925-1927

151 Betondorp DIVERSE ARCHITECTEN 1921-1928

106 Olympisch Stadion J. WILS, C. VAN EESTEREN, G. JONKHEID 1926-1928

115 Synagoge H. ELTE 1928

111 Brug en boothuis P.L. KRAMER 1928

126 Administratiegebouw BRINKMAN & VAN DER VLUGT 1928-1929

120 De Wolkenkrabber J.F. STAAL 1927-1930

011 De Telegraaf J.F. STAAL, G.J. LANGHOUT 1927-1930

112 Openluchtschool J. DUIKER, B. BIJVOET 1927-1930

082 Woningbouw J.M. VAN DER MEY, J.J.B. FRANSWA 1928-1930

121 Berlagebrug H.P. BERLAGE 1926-1932

034 Showroom Metz & Co G.TH. RIETVELD 1933

014 Cineac Handelsblad J. DUIKER 1933-1934

118 Atelierwoningen ZANSTRA, GIESEN, SIJMONS 1934

117 Apollohal A. BOEKEN, W. ZWEEDIJK 1933-1935

035 Citytheater J. WILS 1934-1935

024 Joodsche Invalide J.F. STAAL 1935

113 Montessorischool W. VAN TIJEN, M.A. STAM, C.I.A. STAM-BEESE 1935

070 Landlust MERKELBACH & KARSTEN 1932-1937

123 Synagoge A. ELZAS 1934-1937

114 Drive-in woningen W. VAN TIJEN, M.A. STAM, C.I.A. STAM-BEESE, H.A. MAASKANT 1937

116 Rijksverzekeringsbank D. ROOSENBURG 1937-1939

145 Amstelstation H.G.J. SCHELLING 1939

071 Bosch en Lommer, Dienst Stadsontwikkeling 1935-1940

089 Luchtvaart Laboratorium W. VAN TIJEN, H.A. MAASKANT 1938-1941

066 Uitbreiding Lettergieterij V/h Tetterode MERKELBACH & ELLING 1949-1950

148 Frankendael MERKELBACH & KARSTEN, MERKELBACH & ELLING 1947-1951

127 Roeivereniging A. KOMTER 1950-1952

077 Bejaardenwoningen A.E. VAN EYCK, J.C. RIETVELD 1951-1954

076 Woongebouw J.C. RIETVELD 1956

075 Opstandingskerk M.F. DUINTJER 1956

128 Ambachtsschool DE GEUS & INGWERSEN 1956

097 Kantoorgebouw Van Leers Vatenfabrieken M. BREUER 1957-1958

029 Kantoorgebouw Geïllustreerde Pers MERKELBACH & ELLING 1959

104 Burgerweeshuis A.E. VAN EYCK 1955-1960

086 Woningbouw Sloterhof J.F. BERGHOEF 1955-1960

084 Zaagtandwoningen F.J. VAN GOOL 1959-1960

109 Woonhuis H. SALOMONSON 1961

096 Lyceum Buitenveldert M.F. DUINTJER 1959-1963

072 Uitbreiding Linmij Wasserijen H. HERTZBERGER 1963-1964

005 Havengebouw W.M. DUDOK, R.M.H. MAGNÉE 1957-1965

022 Studentenhuis H. HERTZBERGER 1959-1966

061 Buikslotermeer F.J. VAN GOOL 1963-1966

102 Turmac Tobacco Company H. SALOMONSON 1964-1966

107 Gerrit Rietveld Academie RIETVELD VAN DILLEN VAN TRICHT 1959-1967

101 Woonhuizen RIETVELD VAN DILLEN VAN TRICHT 1964-1967

028 Hoofdkantoor Nederlandse Bank M.F. DUINTJER 1960-1968

093 Luchthaven Schiphol M.F. DUINTJER, F.C. DE WEGER, NACO 1961-1968

088 Hangbrugmaisonnettes J.P. KLOOS 1964-1970

013 Woonhuis A. CAHEN 1964-1970

050 Parkeergarage ZANSTRA, GMELIG MEYLING, DE CLERCQ ZUBLI 1970-1971

058 Kantoorgebouw Shell A. STAAL 1971

100 Rekencentrum Amro-bank VAN DEN BROEK & BAKEMA 1970-1972

150 Bijlmermeer DIENST STADSONTWIKKELING 1962-1973

040 Museum Vincent van Gogh RIETVELD VAN DILLEN VAN TRICHT 1963-1973

012 Restauratie Historisch Museum B. VAN KASTEEL, J. SCHIPPER 1969-1975

144 Wijkcentrum P.B. DE BRUIJN, R. SNIKKENBURG 1970-1975

017 Stadsvernieuwing Nieuwmarkt VAN EYCK & BOSCH 1970-1975

108 Kantongerecht B. LOERAKKER 1970-1975

153 Woontorens J. VAN STIGT 1970-1975

085 Verzorgingscomplex De Drie Hoven H. HERTZBERGER 1971-1975

059 Polymerencentrum M.E. ZWARTS 1972-1975

048 Woningbouw GIROD & GROENEVELD 1975-1977

047 Stadsvernieuwing Bickerseiland P. DE LEY, J. VAN DEN BOUT 1975-1977

074 Gemaal Halfweg D. SLEBOS 1977

003 Eigen Woonhuis H.I. ZEINSTRA 1977

147 Penitentiair Centrum Over-Amstel J.W.H.C. POT, J.F. POTKEEGSTRA 1972-1978

021 Moederhuis A.E. VAN EYCK 1973-1978

033 Kantoorvilla's F.J. VAN GOOL 1976-1979

098 Raadhuis VAN DOMMELEN, KROOS, VAN DER WEERD 1975-1980

160 AMC DUINTJER, ISTHA, KRAMER, VAN WILLEGEN; D. VAN MOURIK 1968-1981

103 RAI DBSV 1977-1981

156 Hoofdkantoor KBB, OD 205 1975-1982

157 Woningbouw Hoptille K. RIJNBOUT 1975-1982

149 Venserpolder C.J.M. WEEBER 1980-1982

046 Woningbouw Westerdok P. DE LEY 1980-1982

053 IJ-plein OMA 1980-1982

006 Stadsvernieuwing H. HERTZBERGER; A. VAN HERK; C. NAGELKERKE 1978-1983

110 Montessorischool, Willemsparkschool H. HERTZBERGER 1980-1983

067 Kinderdagverblijf Borgheem, Woningbouw SJ. SOETERS 1980-1983

051 Hat-eenheden DE KAT & PEEK 1983

009 Letterenfaculteit TH.J.J. BOSCH 1976-1984

132 Woningbouw Wittenburg A. VAN HERK, S. DE KLEIJN 1982-1984

057 Woongebouw DE KAT & PEEK 1982-1984

056 Woningbouw H.M.A. VAN MEER 1982-1984

158 Woonwarenhuis Ikea J. BROUWER 1983-1985

055 Openbare Basisschool 1986

073 Station Sloterdijk H.C.H. REIJNDERS 1983-1986

141 Basisschool De Evenaar H. HERTZBERGER 1984-1986

018 Stopera W. HOLZBAUER, C. DAM 1979-1987

155 Hoofdkantoor NMB ALBERTS & VAN HUUT 1979-1987

054 Woongebouw met voorzieningen OMA 1983-1987

143 Woningbouw DUINKER VAN DER TORRE DUVEKOT 1987-1988

129 Verbouwing Entrepotdok A.J. & J. VAN STIGT 1985-1988

007 Woongebouw R.H.M. UYTENHAAK 1986-1989

139 Woningbouw Slachthuisterrein LAFOUR & WIJK 1987-1989

134 IISG ATELIER PRO 1987-1989

159 Eurocetus D. BENINI 1987-1989

032 Architectenbureau SJ. SOETERS 1988-1989

131 Vierwindenhuis G.P. FRASSINELLI 1983-1990

152 Kantoorgebouw Randstad W.G. QUIST 1987-1990

016 Effectenkantoor M.A.A. VAN SCHIJNDEL 1988-1990

037 Verbouwing Huis van Bewaring P. ZAANEN 1983-1991

039 Byzantium OMA 1985-1991

038 Casino, Lido M. EVELEIN, H.J.L. RUIJSSENAARS 1985-1991

099 Kantoorgebouw KPMG ALBERTS & VAN HUUT 1988-1991

083 Wilhelminaplein F.J. VAN DONGEN; K. DE KAT; R.H.M. UYTENHAAK 1988-1991

030 Kantoorgebouw H. VAN HEESWIJK 1989-1991

078 Woningbouw DUINKER VAN DER TORRE DUVEKOT; R.H.M. UYTENHAAK 1989-1991

161 Sociaal-cultureel Centrum De Omval SJ. SOETERS 1989-1991

092 Kantoorgebouw Nissan ZZ&P 1989-1991

026 Rijksakademie K.J. VAN VELSEN 1985-1992

090 Woningbouw Park Haagseweg MECANOO 1988-1992

133 Woningbouw ATELIER PRO 1988-1992

004 Kantoorgebouw BENTHEM & CROUWEL 1988-1992

025 Universiteitsgebouwen P.B. DE BRUIJN 1989-1992

095 Gebouw voor Stadsdeelwerken CLAUS & KAAN 1990-1992

142 Woningbouw L. VAN DER POL 1990-1992

130 Verenigingsgebouw Wittenburg LOOF & VAN STIGT 1991-1992

055 Uitbreiding Basisschool KINGMA & ROORDA 1992

065 Woningbouw De Liefde CH. VANDENHOVE 1988-1993

136 Woningbouw B. ALBERT 1989-1993

094 Terminal-west BENTHEM & CROUWEL, NACO 1989-1993

019 Kas Hortus Botanicus ZWARTS & JANSMA 1990-1993

049 Woningbouw, Politiebureau TH.J.J. BOSCH 1990-1993

064 Woningbouw Twiske-West L. VAN DER POL 1991-1993

062 Woningbouw BOSCH, HASCHLETT & KRUNNENBERG 1991-1993

087 Fietsenstalling J. GRIFFIOEN 1991-1993

068 Politiebureau, Woningbouw DJV 1991-1993

060 Eurotwin Business Center CLAUS & KAAN 1992-1993

023 Woongebouw R.H.M. UYTENHAAK 1980-1994

105 Kantoorgebouw Tripolis A.E. & H. VAN EYCK 1990-1994

137 Woongebouw Piraeus H. KOLLHOFF 1989-1994

146 Rembrandt Tower ZZ&P 1989-1995

138 Woongebouw W. ARETS 1990-1995

154 Amsterdam Arena GRABOWSKY & POORT 1992-1996

135 Oostelijk Havengebied J.M.J. COENEN; SJ. SOETERS; WEST 8 1988-

091 Woningbouw Nieuw-Sloten DIVERSE ARCHITECTEN 1993-

79

Namenregister
Name Index

Abma, H. *151*
Abma, J. *28*
Albert, B. *135, 136*
Alberts & Van Huut *99, 155*
Alberts, A.C. *155*
Alma, P. *145*
Andersson, S. *40*
Architecten Cie *25, 135*
Arets, W. *135, 138*
Arkel, G. van *8*
Atelier PRO *20, 91, 133, 134, 135*
Baanders, H.A.J. *42*
Bailey, J. *133*
Bartels, C. *15*
Bazel, K.P.C. de *31*
Beek, H. van *91*
Benini, D. *159*
Benthem & Crouwel *4, 41, 94*
Berge, J. van *48, 139*
Berghoef, J.F. *31, 86, 119*
Berkel & Bos, Van *91*
Berlage, H.P. *1, 20, 79, 80, 119, 121*
Bie Leuveling Tjeenk, J. de *41*
Bijvoet, B. *18, 112*
Blaauw, C.J. *79, 119*
Bloemsma, P.R. *76*
Bodon, A. *91, 103*
Boeken, A. *117*
Boeyinga, B.T. *63*
Bogtman, W. *2*
Boot, J. *100*
Borkent, H. *17*
Bosch, Th.J.J. *9, 17, 49*
Bosch, Haschlett & Krunnenberg *62*

Boterenbrood, J. *43*
Bout, J. van den *47*
Brande, D. v.d. *91*
Brandes, J.J. *41*
Breuer, M. *97*
Brinkman & Van der Vlugt *126*
Broek & Bakema, Van den *100*
Brouwer, W.C. *2*
Brouwer, J. *158*
Brouwers, R. *161*
Bruijn, P.B. de *25, 144*
Brullmann, C. *133*
Budding & Wilken *53*
Buren, D. *65*
Cahen, A. *13*
CASA *151*
Choisy, J.L.C. *156*
Christiaanse, K.W. *39, 54*
Claus & Kaan *60, 95*
Clercq Zubli, P.J. de *50, 146*
Coates, N. *94*
Coenen, J.M.J. *135, 136, 138*
Cox, D.H. *28*
Crepain, J. *135*
Cruijff, J. *151*
Daan, G. *91*
D3BN *92*
Dam, C.G. *18, 34*
Daniels, B.H. *156*
Derkinderen, A.J. *1*
DHV *74*
Dicke, H.A. *22*
Dienst der Publieke Werken *69, 77, 79, 111, 122*
Dienst Ruimtelijke Ordening *139*
Dienst Stadsontwikkeling *71, 150*
Dijkstra, Tj. *91*
Dillen, J.F.H. van *101*
DJV *68*

DKV *91, 119*
Döll, H. *90*
Dommelen, P.W. van *98*
Dongen, F.J. van *83, 135*
Drijver, P. *91*
DSBV *103*
Dudok, W.M. *5*
Duiker, J. *14, 15, 112, 113, 119, 120, 132*
Duinker Van der Torre *91*
Duinker Van der Torre *78, 143*
Duvekot *78, 143*
Duintjer, M.F. *28, 31, 75, 93, 96, 160*
Edhoffer *91*
Eesteren, C. van *71, 91, 106*
Eijnde, H.A. van den *2, 31*
Eikelenboom, A. *53*
Elders, F. *131*
Elsen, Y. v.d. *91*
Elte, H. *115*
Elzas, A. *123*
Enserink, J.W.B. *103*
Epen, J.C. van *44*
Evelein, M. *38*
Exel. Van *91*
Eyck, A.E. van *17, 21, 77, 104, 105*
Eyck, A.E. van *105*
Eyck & Bosch, Van *17*
Franswa, J.J.B. *82*
Frassinelli, G.P. *131*
Gawronski *25*
Gemeentelijke Woningdienst *63, 151*
Gendt, A.D.N. van *2, 31*
Gendt, J.G. van *2*
Geurst & Schulze *91*
Geus & Ingwersen, De *128*
Gidding, J. *15*

Giesen, J.H.L. *118*
Girod, J.P.H.C. *13*
Girod & Groeneveld *48*
Gmelig Meyling, A.W. *50*
Goede, P.H. *28*
Gogh, V. van *40*
Gool, F.J. van *33, 61, 84*
Goor, M.J. van *151*
Grabowsky & Poort *154*
Gratama, J. *79, 151*
Greiner, O. *91, 151*
Greiner, D. *151*
Greve, W. *151*
Griffioen, J. *87*
Groos de Jong *91*
Groosman Partners *91*
Gropius, W. *29*
Gulden & Geldmaker *70*
Haan, J. de *91*
Hagenbeek, H.L. *17*
Hazewinkel, Tj. *22*
Heeswijk, H. van *30*
Heiden, P.A. v.d. *28*
Heineke & Kuipers *79*
Henneman, J. *156*
Herk, A. van *6, 132*
Hertzberger, H. *6, 22, 72, 85, 104, 110, 141*
Hille, K. *42, 52*
Holt, G.H.M. *18*
Holzbauer, W. *18*
Hulsbosch, J. *151*
Hulshoff, A.R. *79*
Istha, D.J. *160*
Jansen, G.J. *36*
Jantzen Gzn., F.B. *79*
Jong, H.L. de *91*
Jonkheid, G. *106*
Jordens, B. *15*
Kampen, J. van *80*
Kasteel, B. van *12*
Kat & Peek, De *51, 57,*

149
Kat, K. de *57, 83, 91*
Keppler, A. *63, 70, 151*
Kho Liang le *93*
Kingma & Roorda *55*
Kingma, W. *91*
Klei, Th.J.N. van der *96*
Kleijn, S. de *132*
Klerk, M. de *2, 42, 52, 122, 124, 127*
Kloos, J.P. *88, 91*
Klunder, H. *91*
Knemeijer, G. *17*
Kollhoff, H. *135, 137*
Komossa, S. *91*
Komter, A. *127*
Koning, J. *13*
Koolhaas, R. *39, 53, 54*
Koolhaas, T. *17*
Körmeling, J. *94*
Kramer, F. *78*
Kramer, J.H. *160*
Kramer, P.L. *2, 69, 79, 111, 122, 124*
Kromhout, W. *36*
Kroos, J. *98*
Krop, H. *2, 11, 111, 120, 121, 122*
Kurokawa, K. *40*
Laak, H. de *128*
Lafour & Wijk *91, 135, 139*
Langhout, G.J. *11*
Le Corbusier *58, 67, 102, 109, 128*
Ley, P. de *17, 46, 47*
Lion Cachet, C.A. *2*
Loerakker, B. *91, 108*
Loghem, J.B. van *151*
Loof & Van Stigt *91, 130*
LRRH *91*
Lyneborg, T. *133*
Maaskant, H.A. *89, 98, 114*
Maesenaar, M. de *91*

Magnée, R.M.H. *5*
Makkink, K. *17*
Mameren, A. van *91*
Mannot, B. *91*
Marnette, P.L. *69*
Mecanoo *90*
Meer, H.M.A. van *56, 91*
Meer en Putter, Van *91*
Meier, R.A. *62*
Meisner, E. *157*
Mendes da Costa, J. *1, 31*
Merkelbach & Karsten *70, 148*
Merkelbach & Elling *29, 66, 148*
Merkelbach & Elling *70, 71*
Mertens, H.F. *151*
Mey, J.M. van der *2, 19, 79, 82*
Mies van der Rohe, L. *95*
Mik, A. *68*
Mourik, D. van *160*
Mulder, B. *118*
Mulder, J.H. *151*
NACO *93, 94*
Nagelkerke, C. *6*
Nieukerken, M.A. & J. *27*
Nieuwenhuis, T. *2*
OD 205 *156*
Oever, H. van den *91*
Oorthuys, F. *91*
Oud, J.J.P. *132*
Palladio *32*
Patijn, W. *80, 91*
Peeters, J.M. *112*
Pek, J.E. van der *140*
Peters, C.H. *10*
Peters, C.F.G. *79*
Pevsner, N. *87*
Pinnell, P. *133*
Ploeger, J.H. *103*
Pol, L. van der *64, 142*

Pot, J.W.H.C. *147*
Pot-Keegstra, J.F. *147*
Quist, W.G. *152*
Raedeker, J. *2*
Rapp, Chr. *137*
Reijn, Th. van *145*
Reijnders, H.C.H. *73*
Rietveld, J.C. *76, 77*
Rietveld, G.Th. *34, 40, 101, 107, 132, 143*
Rietveld Van Dillen Van Tricht *40, 101, 107*
Rijnboutt, K. *157*
Roland Holst, R.N. *1, 20*
Roodenburgh, J. *79*
Roos, F. *46*
Roosenburg, D. *116, 151*
Ruijssenaars, H.J.L.M. *10, 38, 91*
Rutgers, G.J. *36, 79, 119*
Ruys, M. *102, 137*
Ruyter, R. de *91*
Salomonson, H. *102, 109*
Sambeek & Van Veen, Van *91*
Scala architecten *91*
Schalk, M. van der *99*
Schelling, H.G.J. *145*
Schijndel, M.A.A. van *16*
Schipper, J. *12*
Schröder-Schräder, T. *143*
Schuurman, R. *154*
Schwier, E. *108*
Sijmons, K.L. *118*
Sitte, C. *119*
Slebos, D. *74*
Snikkenburg, R. *144*
Soeters, Sj. *32, 67, 91, 135, 154, 157, 161*
Spanjer, C. *1, 37*
Staal-Kropholler, M.

79, 125
Staal, A. *58*
Staal, J.F. *11, 22, 45, 58, 79, 119, 120*
Stam, M.A. *29, 30, 71, 113, 114, 148*
Stam-Beese, C.I.A. *113, 114*
Steenhuis, R.M.J.A. *113*
Steiner, R. *39*
Stigt, J. van *129, 153*
Stigt, A.J. van *129*
Sybersma, B. *91*
Tijen, W. van *89, 113, 114*
Tombazis, A. *133*
Toorop, J.Th. *1*
Tordoir, N. *136*
Treub, M.W.F. *1*
Tricht, J. van *40, 101*
Tuijnman, D. *17*
Uytenhaak, R.H.M. *7, 23, 78, 83, 91*
Vals, H.W. *151*
Vandenhove, Ch. *65*
VDL *108, 157*
Velsen, K.J. van *26, 91*
Venhoeven, T. *68*
Verheijen Heuer De Haan *91*
Vermeulen, P. *91*
Vermeulen Van Mourik *91*
Versteeg, G. *70, 79*
Volten, A. *78*
Voorberg, J. *53*
Vorkink, P *70*
Vos, G. *78*
Waals, M. van der *91*
Wagenaar, M. *91*
Weber, C.J.M. *149*
Weerd, J.W. van der *98*
Wegener Sleeswijk, C. *8*
Weger, F.C. de *93*
West 8 *135*

Wibaut, F.M. *122*
Wijdeveld, H.Th. *79, 81*
Willegen, T. van *160*
Wils, J. *35, 106*
Wintermans, F. & P. *135*
Witt, H. *91*
Witt en Jongen *91*
Wittermans, J.E.B. *156*
Wright, F.L. *41, 106, 115*
Yagi, K. *133*
Zaanen, P. *1, 37*
Zanstra, P. *17, 50, 118*
Zanten, Van *59*
Zeinstra, H.L. *3, 51, 91, 142*
Zijl, L. *1, 31*
Zocher, L.P. *1*
Zwarts, M.E. *59*
Zwarts & Jansma *19, 91*
Zweedijk, W. *117*
ZZ&P *92, 146*